Les
Six cents Prêtres martyrs

des Iles de la Charente

(1793-1795)

UN RELIQUAIRE NATIONAL

Les

Six cents Prêtres martyrs

des Iles de la Charente

(1793-1795)

PAR

Gabriel AUBRAY

PARIS

LIBRAIRIE DES CATÉCHISMES

10, RUE DE MÉZIÈRES, 10

—

1912

Conformément au décret d'Urbain VIII, l'auteur déclare qu'en employant le mot *martyrs* pour désigner les prêtres victimes de la déportation, il n'a fait que suivre la tradition, et prendre ce mot dans son sens courant, ainsi que l'abbé Guillon (*Les Martyrs de la foi pendant la Révolution française*), l'abbé Caillaud (*Martyrs du diocèse de Bourges*) et tant d'autres l'ont fait avant lui, mais sans prétendre qu'ils puissent certainement être tenus et honorés comme des saints, tant qu'ils n'auront pas été canonisés. Il sait d'ailleurs que parmi l'héroïque phalange il y aura un délicat triage à faire de quelques prêtres assermentés ou indignes.

Au surplus, il soumet respectueusement au jugement de l'Église ce petit écrit volant; et désavoue d'avance, s'il en était échappé à sa plume de laïque, toute idée ou tout terme qui ne serait pas strictement orthodoxe.

Toutes les personnes, associations ou ligues qui voudront bien s'intéresser au projet d'une *Œuvre des martyrs de la déportation* à créer, et d'abord à la fondation d'un Comité central d'étude et de propagande, auquel Mgr Baudrillart, Mgr de Teil, M. le Chanoine Pisani, le R. P. Plazenet, M. de Coudekerque-Lambrecht, MM. Georges Goyau, Geoffroy de Grandmaison, président de la *Société bibliographique*, Jean Guiraud, directeur de la *Revue des Questions historiques*, ont promis leur patronage et leur aide, sont priées d'adresser provisoirement leurs noms, leurs adhésions, leurs offres de concours et toutes communications à :

1° M. l'abbé Landry, 49, rue de Passy, Paris.

2° M. A. Sabourdin, avocat, 17, rue de l'Yvette, Paris.

D'autre part, le *Bulletin Religieux*, de la Rochelle, a déjà donné la liste d'une quarantaine d'ecclésiastiques chargés officiellement par leur Ordinaire de rechercher les pièces intéressant le procès canonique et de les transmettre à M. le Chanoine Lemonnier à Rochefort-sur-Mer.

LES SIX CENTS PRÊTRES MARTYRS
des îles de la Charente (1793-1795)

L'Ile Madame.

L'endroit où je vous mène d'abord est un des lieux les plus émouvants de France. Ni sur nos ossuaires de l'Est, ni sur le Champ des Martyrs à Auray, il ne plane autant de pensées mêlées, ardentes, mettant l'âme en tumulte. Et, tout chargé qu'il soit de la tristesse du couchant impérial, le rocher lointain de Sainte-Hélène ne doit pas soulever dans l'intime de l'être une telle houle de sentiments violents...

Ici, comme là-bas, c'est un îlot perdu, presque désert — un fort, une ferme au milieu des terres, voilà tout — c'est, pareillement, « un écueil battu par la vague plaintive... » Mais, bien que la Mort ait sacré ce sol plus qu'un autre, le tombeau n'y paraît pas, que le regard de « celui qui sait » y cherche. Aucune gloire n'a encore éclairé de son rayon ce pâle rivage maussade, dont quelques ormes rabougris comme des arbrisseaux sont la seule parure. Rien, rien qui arrête la vue et fixe la méditation. Et si vous n'apportiez avec vous, en vous, l'essaim bouillonnant des souvenirs, de la poésie, de la prière, peut-être, au lieu de la ferveur qui vous prend et vous exalte, n'éprouveriez-vous devant cet isolement sans grandeur — qui est un méprisant abandon — qu'une stupeur morne ou une sécheresse dégoûtée.

Nous sommes à l'embouchure de la Charente, au centre de cette belle rade, dont les côtes basses et fuyantes de l'Aunis, les îles de Ré et d'Oléron, minces rideaux de verdure légère, qui se profilent en cercle sur l'horizon, font, aux jours clairs et calmes, comme un lac immense d'un bleu léger, un paysage de mer d'une douceur incomparable. Or, la rive gauche du fleuve qui se prolonge en presqu'île autant qu'elle peut, finit, après le dernier village, Port-des-Barques, et sa grève, par une sorte de jetée naturelle d'un quart de lieue, formée, presque au ras de l'eau, de roches, de cailloux et de sable, qui rattache à la terre, comme ferait un câble à moitié submergé, une motte calcaire, de deux à trois mille pas de tour, d'une vingtaine de pieds au-dessus du flot en sa partie la plus haute. Cette jetée, que l'eau, il n'y a pas encore long-temps, couvrait sur une certaine longueur à chaque marée, c'est la « Passe-aux-Bœufs » et cette motte de terre, c'est l'île Madame.

Plongeant sur tout un côté dans la mer par des marais qui se confondent avec elle, et de l'autre présentant à la vague la falaise rongée de son flanc droit, elle semble, à marée basse, quand l'eau s'est loin, très loin retirée, comme une épave prise dans les vases, ou un ponton échoué dans les lagunes, une manière de presqu'île aux contours vagues, cap désert de la fin des terres et morne écueil, où l'on n'aperçoit par dessus une haie d'arbrisseaux que le faîte crénelé de la blanche caserne-forteresse.

Elle fut cela, en effet, le dernier ponton où se consomma le supplice des prêtres marqués, par la Révolution pour la mort, puis l'épave funèbre qui durant plus d'un siècle, a gardé fidèlement sous le suaire immobile de sa lande les corps des héros que, pour la fin de leur martyre, elle avait, au mois d'août 1794, maternellement accueillis dans ses flancs.

Hic ceciderunt, hic jacent... Dans ces terrains vagues qui la bordent au sud et à l'ouest, anciens lais de mer qu'on ne cultive pas (*res nullius*) que pâturent les bêtes, et où l'on voit ou croit voir certaines ondulations, certaines rides, près de *trois cents prêtres français* (on a les noms et les actes mortuaires de 275) sont couchés, oubliés, perdus, depuis cent dix-huit ans, sans tombe et sans croix, attendant le grand réveil des corps et l'entrée dans la gloire divine que leur foi héroïque, leurs souffrances sans nom, et leur mort, vraie Passion du Calvaire, leur ont assurée.

Mes chairs « sont consumées, dit Job, mes os se sont collés à ma pe...i, il ne me reste plus que les lèvres autour des dents... Et j'ai dit à la pourriture : tu es mon père... Mais je ressusciterai au dernier jour. Je serai à nouveau revêtu de ma peau, je reprendrai ma chair et mes yeux pour contempler Dieu...

Comment, en foulant ce sol, ne pas se rappeler ce texte violent, et en respirer l'odeur mêlée de pestilence et de suavité, tant il s'applique exactement aux pieuses victimes qui sont mortes ici, rebut du monde, oints du Seigneur, de la mort la plus ignominieuse, la mort par la pourriture et la vermine, dans la sentine horrible des pontons, et sur le charnier que fut cette île...

Or, à marée haute, il semble que l'île monte avec la vague et qu'elle flotte maintenant comme une arche d'un dessin très net sur le ciel et la mer bleue, à peine retenue à la terre par le ruban blanc de sa chaussée pierreuse à fleur d'eau. Et c'est une arche sainte, aussi, une châsse émouvante en sa pauvreté, le reliquaire très humble qui garde un trésor grandiose, qui le garde tout seul dans le cantique sans fin de la mer et sous la veillée des étoiles.

L'île Madame, est-ce bien son nom définitif ?

Elle fut l'*Ile Citoyenne* à l'heure où la Révolution lui a fait une histoire. Ses prisonniers de l'été de 1791 la baptisèrent, en la consacrant à la Vierge, l'*Ile Notre-Dame*. « *L'Ile des Prêtres* », l'a longuement nommée le populaire d'à côté. Peut-être un jour ne l'appellera-t-on pas autrement que l'*Ile des Saints* ou l'*Ile des Martyrs ?*...

L'Ile d'Aix.

Un peu plus loin et comme au milieu de cette mer intérieure que forme avec les bords de la rivière la ligne verte et blonde de Ré et d'Oléron se détache, avec ses deux phares blancs et la masse sombre d'un bois de pins, l'Ile d'Aix.

Celle-ci, au moins, a un nom. De Rochefort et de Fouras, même de Royan et de tous les ports et de toutes les plages de la côte et des îles on va en excursion à l'île d'Aix.

Un grand souvenir a fait jusqu'ici l'unique attrait de ce pan de terre crayeuse, de 200 à 1.500 mètres de large et de son petit village de 250 habitants.

Lorsque, en effet, on a franchi la porte du rempart qui enserre toute l'extrémité sud de l'île, au bout de la chaussée battue du flot jaunâtre, on est, malgré les ormes sans grandeur et les canards en liberté, sur la place d'Austerlitz ; et dans une des trois rues du village, parmi les maisons basses, il y en a une un peu plus haute, d'ailleurs banale et sans style, qui porte à son fronton une aigle et une plaque de marbre, et qui est la maison de Napoléon. Ici, entre l'île d'Elbe et le rocher de Sainte-Hélène, le grand oiseau de proie, qui de Corse avait fondu sur la France et tenu l'Europe un moment dans ses serres, est venu s'abattre un soir, l'aile cassée. C'est d'ici qu'après avoir pendant sept jours scruté la brume, pendant sept nuits interrogé son destin, le 15 juillet 1815, à trois heures et demie du matin, avant l'aube, il est parti se livrer, vaincu, prisonnier, au chasseur qui le traquait depuis quinze ans. « Quelle est donc la magie de la gloire ! disait Chateaubriand, s'arrêtant quand on lui dit que le Sousonghirli qu'il venait de traverser c'était le Granique ; et comment se fait-il que le nom lointain d'un homme suffise à immortaliser un petit fleuve dans un désert ? »

Ainsi de cette maison : Napoléon l'avait fait bâtir pour être l'hôtel de la place, à l'époque où il fortifiait l'île afin de protéger contre les Anglais sa rade; et elle fut, en face de l'Angleterre, lui fermant toute issue, son dernier asile d'une semaine avant de quitter pour jamais la France. Dans cette petite chambre du premier au papier à fleurs bleues, il a crispé de rage son front impuissant ; de ce balcon, il a regardé longuement, longuement la mer, guettant une échappée à travers la croisière ; sur ce lit de noyer à rideaux de reps grenat, son insomnie a rêvé la fuite en Amérique, une épopée nouvelle, ou peut-être, s'il était sincère en l'écrivant, une retraite à la Jean-Jacques « dans le sein de la nature et dans la solitude qui convenait à ses dernières pensées ». Sur cette table ronde d'acajou à dessus de drap vert, il a, toujours grandiloquent et soignant jusqu'au bout sa mise en scène, écrit la lettre fameuse au régent d'Angleterre. « Je viens, comme Thémistocle, m'asseoir au foyer du peuple britannique... » Et cet escalier de pierre aux murs nus a entrevu dans le sombre matin sa silhouette légendaire, suivie de cinq ou six ombres fidèles, Bertrand, Gourgaud, Montholon, Rovigo, Las-Cases, s'en aller par la porte basse de la rue et s'enfoncer dans la nuit pour toujours... Cela suffit pour que l'île d'Aix ait dans l'histoire sa place, pour qu'à cette maison l'on vienne, qu'à ce balcon l'on rêve en écoutant gémir la vague et pleurer le vent...

Ah ! si de ce balcon l'on pensait, l'on savait quel ossuaire on domine ! Sur toutes les côtes de cette rade, dont on voit si bien du haut des remparts se dessiner le profil circulaire, si l'on savait tout ce qui dort enseveli, mais prêt sans nul doute à germer du sol sous la rosée des prières et à porter fleurs et fruits d'exemples émouvants, de grâces surnaturelles et de miracles !... Ici, un soldat de fortune, à qui quelques coups d'épée merveilleux ont taillé pour la parade des siècles un manteau de géant, mais qui n'était après tout qu'un petit homme gros et court, et qui avait dû, tout comme un autre, grimper pour l'embarquement sur les épaules d'un marin, a vu, jouet d'un pouvoir plus haut, se terminer lamentablement sa courte aventure : et cela est assez pour que la pitié vienne saluer sa trace... Mais là, dans ce champ clos, d'eau tantôt dormante, tantôt houleuse, l'Eglise catholique avait, vingt ans avant, dans sa lutte éternelle contre le monstre du mal et de la haine, livré une bataille grandiose, sacrifié pour la victoire des centaines de victimes, comme en l'arène du Colisée et au temps des Catacombes ; chanté enfin sous le ciel de Dieu le poème de souffrance et de mort le plus beau qu'il y ait pour la France et le plus fécond : et jusqu'à hier encore, nul signe n'appelait le visiteur et ne marquait la place de l'hécatombe.

Regardez pourtant, si le temps est clair ; sur ce paysage aux nuances très fines, où rien de saillant ne se détache, où rien ne fait monter la pensée religieuse que la flèche des clochers épars sur le marais, Fouras, Moëze, Marennes, on peut vous montrer du doigt, comme en un chemin de croix, les stations douloureuses où sont tombés par phalanges les martyrs.

Au premier plan vient vers vous l'île Madame, centre de l'ossuaire, radeau flottant qui porte entre les deux mers son vaste cimetière et qui porterait admirablement un autel...

Par delà l'île Madame, apercevez-vous, se dressant dans la solitude de la plaine, les remparts en ruines d'une citadelle où parmi de rares maisons émergent de grands ormes : c'est Brouage, la ville morte, dont le tourisme vient parfois traverser l'étrange solitude et regarder d'en bas la grave silhouette. Une cinquantaine de prêtres y sont morts après de longues souffrances et sont là ou là enterrés.

A l'Ouest, une autre petite forteresse est en éperon à l'avant de l'île d'Oléron : c'est Le Château, qui eut ses prisonniers aussi et qui en garde quelques-uns dans son cimetière. Saint-Martin de Ré, au Nord, a reçu un millier de prêtres et de religieux lors de la seconde déportation, celle du Directoire, en 1797, après fructidor ; et comme celle-ci fut un peu moins sauvage que la première et moins meurtrière, il n'en a péri sur place qu'une soixantaine.

Mais, du côté de la terre, l'estuaire de la Charente fut comme la dévorante fosse commune, où, sous la Terreur, pendant onze mois de l'année 1794, furent jetés, sans cercueil et tout nus, les corps des prêtres morts au charnier des pontons. De même qu'on a repéré jusqu'à Rochefort la route des navires par des feux de nuit, on aurait pu, on aurait dû presque tout le long des rives planter des croix funéraires, puisque, charriés par les courants du fleuve ou hâtivement enfouis dans les vases les plus proches, les restes de ces saints — des restes qui sont des reliques ! — reposent çà et là, partout répandus, et sanctifient obscurément toute cette côte saintongeaise.

Il y en a sans doute à la Cabane Carrée, près de la ville ; il y en a certainement autour du fort Lupin, autour du fort de la Pointe, à côté du Port-des-Barques. Qui descendrait le fleuve, pour faire aux îles sacrées son pèlerinage en suivant la même voie qu'ont suivie autrefois les déportés, devrait se tenir tête nue et la prière aux lèvres, ainsi qu'on va dans une allée de cimetière ; et la poésie, la tristesse poignante de ce marais herbeux qui s'étend à perte de vue, avec quelques arbres frissonnant au bord des canaux, rendrait plus pénétrante l'émotion pieuse dont on se sentirait envahi en défilant parmi ces morts...

En cette même île d'Aix, où le seul souvenir de Napoléon vous hante, vous ne pouvez faire un pas à travers les sables fleuris d'immortelles sans fouler une place où des morts aient reposé... Comme le paysan phrygien qui, menant César dans la lande broussailleuse où jadis avait été Troie, l'arrêtait tout à coup : « Prends garde, tu vas ici marcher sur les cendres d'Hector », un monument devrait avertir l'étranger, clore les bouches et faire monter l'oraison : « Passant, recueille-toi et songe : deux cent dix corps sacrés dans ce pli de terre ont dormi. » Sous la vigne et le blé, sans doute, il en reste encore. Mais la charrue si longtemps a mis des ossements au jour ! Et quand on a fait les terrassements des forts, la pelle des soldats en a tant remué ! Dans la crypte de la pauvre église où vous pouvez descendre, on a réuni, il y a vingt ans le plus de crânes et de tibias, qu'on a pu, prêtres et forçats, victimes et bourreaux confondus jusqu'au grand tri de la résurrection éternelle. Hélas ! que de poussière humaine est restée mêlée au sable de la dune ou s'est envolée dans le vent du large!...

Ainsi près de trois cents enterrés à l'île Madame, plus de deux cents à l'île d'Aix, quarante à Brouage, près de cent çà et là perdus dans les vases de l'estuaire, voilà bien pour s'en tenir à la persécution exclusivement sacerdotale de 1794 et aux déportés des pontons, un reliquaire national incomparable, le plus grand sans doute de France — les prêtres massacrés en septembre 92 dans le jardin des Carmes ne furent guère plus d'une soixantaine — le premier du monde peut-être, après les catacombes de Rome.

Ce reliquaire pourtant, auquel presque toute la France a fourni, est de presque toute la France ignoré ; et bien peu connaissent en ses détails l'histoire de cette épouvantable mais héroïque hécatombe.

La déportation en 1793-94.

C'est, parmi les horreurs sanglantes de cette crise d'hystérie sauvage qu'on nomme la Révolution française, une des pages les plus ignominieuses que l'histoire des déportés des pontons. Les beaux exploits de la guillotine, à Paris, avec les ruisseaux de sang dont la police finit par se plaindre au bourreau, les tueries des Carmes, les noyades de Nantes, les fusillades de Quiberon vous jettent aux moelles un frisson violent, mais rapide. C'est la secousse brutale que vous donne en un drame d'épouvante le massacre d'un cinquième acte. Ici, c'est dans la cruauté lâche et fétide, c'est dans le fangeux, dans le vaseux qu'on s'enfonce. Taine a raison de comparer la Révolution au crocodile, idole sacrée derrière son voile, de près bête immonde et louche et rampante, qui, lentement, lourdement, béatement, écrase en se vautrant dans la boue ses victimes.

Donc, la Constituante a proclamé le faux dogme de la liberté religieuse, et, en même temps, elle a voulu tout de suite briser en le faussant l'organisme sacré de l'Eglise catholique, faire de la religion un service public, du clergé, séparé de Rome et soumis au pouvoir civil, un corps de fonctionnaires. Elle a voté en juillet 90 la *Constitution civile du clergé*, protestant, malgré les énergumènes qui la poussaient à changer jusqu'au dogme, qu'elle ne touchait pas au spirituel, qu'elle réglait seulement le temporel, mais soumettant à l'élection populaire les évêques et les curés, défendant aux nouveaux prélats de demander à Rome institution et confirmation, chargeant les tribunaux de forcer le métropolitain à consacrer les élus, etc., etc. D'ailleurs, elle a commencé par faire main basse sur tous les biens de l'Eglise ; car il faut que ses ministres soient des salariés à la solde de la nation... et dans la main des gouvernants. Menacé de la misère s'il résiste, comment ce clergé, dont une littérature impie depuis cinquante ans dénonce la cupidité et les mœurs dissolues, pourrait-il ne pas se laisser prendre à la souricière ?...

Mais voilà qu'avant même que Rome ait parlé, le clergé, d'instinct chrétien, s'est levé et a déclaré, avec Mgr de Bonnal, Mgr de Boisgelin, l'abbé Maury et presque tous les évêques appartenant à la représentation nationale : « Nous périrons, s'il le faut, mais nous ne laisserons pas asservir l'Eglise et avilir son sacerdoce. »

Alors la Bête, contrariée dans sa digestion et dans sa haine, a grincé des dents ; et par une loi nouvelle (27 novembre-27 décembre), préparée et accompagnée, suivant le rite, d'outrages, de discours comminatoires et des violences de la rue, elle a imposé dans les huit jours à tout ecclésiastique exerçant un ministère public le serment de fidélité à la Constitution civile, sous peine de perdre sa fonction d'abord, et puis d'être puni comme suspect, perturbateur de l'ordre et rebelle à la loi.

Et le tohu-bohu a commencé. En vain pour briser à tout prix l'admirable unité de l'Eglise et faire éclore le schisme qui la ruinerait, on a, mettant en jeu tout à la fois la méthode forte et la méthode douce, ici terrorisé, lancé des bandes d'apaches contre les églises, les presbytères, les couvents, ailleurs flatté, caressé, cherché à endormir les scrupules : il y a des circulaires exquises de procureurs de départements aux maires et officiers municipaux pour qu'ils expliquent que l'Assemblée *a mis toutes les consciences à l'aise* en déclarant formellement qu'elle n'a pas entendu tou...er à la spiritualité de la religion » ; et souvent les officiers municipaux, bonnes âmes ou magistrats très ennuyés, n'ont pas demandé mieux que de tricher, que de recevoir le serment en acceptant les réserves qu'y mettait le prêtre ou en feignant de ne pas les entendre. C'est comme cela que par surprise on a obtenu — ou enregistré — quelques adhésions dont beaucoup seront bientôt suivies, quand il sera plus clair, surtout quand le Pape aura prononcé, de rétractations publiques, officielles, notariées parfois ; ce qui est un scandale intolérable et un sujet de grande colère...

Or, depuis la loi de Séparation et les discours mielleux ou amers, et les campagnes de presse, et les menées de tout genre, qui en faisaient l'accompagnement, c'est une histoire que nous comprenons très aisément...

Mais en ce temps-là, comme on sait, la résistance du clergé français, commençant par le haut, fut tout de suite magnifique. Sur 131 archevêques ou évêques, quatre seulement prêtèrent le serment, dont trois étaient incrédules et sans mœurs. Et du jour au lendemain, sur 70.000 prêtres, il y en eut 46.000 de destitués. Alors, ce fut dans toutes les paroisses de France le gâchis violent de la guerre civile et religieuse. Relisez la maîtresse page de Taine :

« Partout deux croyances, deux cultes... L'« intrus », « l'excommunié, qui voit le vide autour de lui, n'ayant « pour auditeurs que des gens du club venus le sou- « tenir par politique, qui, furieux, dénonce le « réfrac- « taire » comme accaparant les fidèles, fanatisant les « consciences, sapant la Constitution, et qui envoie les « gendarmes contre lui. »

Les gendarmes ou l'émeute. Car de ce moment contre le prêtre insoumis, donc révolté, toutes les violences sont légitimes, bannissement, internement, pillage, voies de fait, et meurtre compris.

« Voici venir la révolte des paysans, les insurrec- « tions de Nîmes, de la Franche-Comté, de la Vendée, « de la Bretagne, l'émigration, la déportation, l'empri- « sonnement, la guillotine ou la noyade pour les deux « tiers du clergé de France... A cela conduisent les

« lois de l'Assemblée constituante... Et les attentats qu'on
« commettra plus tard seront les suites inévitables de
« ceux qu'elle a commis. »

Ce n'est pas ici le lieu de rappeler tous ces attentats. Et il n'est même pas nécessaire de rapporter la
série de lois et décrets par lesquels la Bête, de plus
en plus irritée contre cette résistance de l'Église qui
brisait son effort, cherchait incessamment à lui asséner
de nouveaux coups.

La Législative encore une fois essayait de surprendre
son ennemi par la ruse du serment dit de liberté-
égalité (27 novembre 91). Celui-là était purement *civi-
que* ; aussi qui refuserait de le prêter s'avouait un
séditieux irréductible ; le moins qu'il mériterait c'était,
avec la dégradation civile et la spolation, l'internement. Cela demeurait inefficace ; et ce clergé maudit,
tant qu'il restait là, empoisonnait les âmes, souillait
la terre de la liberté, était coupable de tous les trou-
bles. Six mois après on décrétait (26 mai 92) l'exil
hors du royaume pour tous les insermentés que dénon-
ceraient au département les « citoyens actifs » du can-
ton. Et comme la chasse aux prêtres ainsi légalisée
ne donnait pas encore assez, le 26 août l'exil était
imposé à tous, sans autre forme de procès ; quant à
ceux qui n'auraient pas quitté le territoire dans les
quinze jours, ils seraient arrêtés, conduits de brigade
en brigade aux ports de mer les plus voisins pour
être déportés à la Guyane. On remplaçait pour les
sexagénaires et les infirmes la déportation par la réclusion.

La Convention qui avait en mains de si bons textes
n'eut plus qu'à les étendre des insermentés à tous
les ecclésiastiques, séculiers et réguliers, frères con-
vers et lais, qui seraient dénoncés pour cause d'inci-
visme, à ajouter comme lieu de déportation la côte
Ouest d'Afrique à la Guyane, et à la déportation la confiscation de tous les biens ; puis, à punir de mort *dans
les vingt-quatre heures* tous ceux qui d'exil rentreraient
sur le territoire de la République ; tous ceux qui,
étant dans le cas de la déportation, ne seraient pas venus
dans la décade se livrer eux-mêmes aux autorités

du département, et ceux qui les auraient recélés, etc. (18 mars — 21 avril — 20 octobre 1793).

Cette fois, la machine à triple ressort : bannissement, déportation ou réclusion, et mort, semblait parfaite. Seulement, l'émigration avait déjà emporté aux quatre vents de l'espace tous ceux qui avaient pensé que le meilleur était de fuir devant la tempête. Contre les irréductibles qui ne voulaient rien entendre que le Verbe de Dieu, et qui, se déguisant, se cachant dans les bois, s'obstinaient à ne pas laisser sans secours leur troupeau, la guillotine, tout en ne cessant pas de travailler, se montra vite insuffisante : ils étaient trop ! et trop populaires la plupart... C'est ainsi que la déportation devint le principal moyen « d'exécution » de centaines et de milliers de prêtres qui, sur tous les points du territoire, refusaient de lâcher prise, qui encombraient les prisons — et dont la masse chaque jour grossie par des arrestations nouvelles allait constituer la plus embarrassante cargaison à transporter au delà des mers...

Ceux-là étaient dans le vrai qui avaient opéré les grandes boucheries de septembre, ou qui proposaient, comme le citoyen Legendre, de charger les prêtres sur les bateaux à immondices qu'on appelle à Brest les *Maries-Salopes*, et d'aller les déverser en pleine mer ! Une idée dont Carrier, à Nantes, sut bientôt profiter. Car où prendre les bateaux, les équipages et l'argent pour faire faire la traversée d'Afrique ou d'Amérique à cette prêtraille inépuisable ? Le Comité de Salut public n'arriva jamais à trouver la solution pratique de ce problème. Il se contenta donc d'acheminer vers les ports, vers Nantes, Bordeaux et Rochefort, ces convois de chair humaine, en laissant aux autorités locales le soin de s'en défaire comme elles pourraient...

Voilà pourquoi, par la force des choses, bien plus que par la crainte des croisières anglaises, les déportés de la Terreur, tous des prêtres, et la plupart, on l'a compris, l'élite du clergé de France, les plus héroïques, les meilleurs, mais un certain nombre aussi à qui Dieu voulait faire racheter par la souffrance l'erreur de leurs serments constitutionnels, ont été amenés dans le cirque lumineux de cette belle rade saintongeaise, pour y endurer des tortures effroyables, et, sans qu'aucun ait dépassé la ligne bleue qui ferme l'horizon, pour tomber là en terre française... nous conservant à portée de la main, jusqu'à l'heure où nous saurons nous en faire un palladium, le trésor de leurs saintes reliques !

Dès 1792, à la Législative, un évêque apostat, Fauchet, avait, d'un geste de haine dans lequel Dieu pourtant mettait quelque chose de prophétique, marqué pour devenir le champ du martyre ces parages. « Mieux vaudrait, disait-il, détenir les insermentés dans les îles de la Charente, parce qu'autrement, il faudrait 100 vaisseaux pour transporter 50-000 prêtres ! »

Par une prédestination émouvante, tous les diocèses de France et ceux de la Belgique, française par la conquête de 1792, ont fourni à cet holocauste des victimes, ont dans ce reliquaire des gloires à chercher Car lorsque Nantes eut assez des noyades, elle reversa vers Bordeaux nombre de ses déportés. Mais quand Bordeaux et Blaye eurent, en fin de 1794, honte et embarras des leurs, c'est là encore, dans les eaux de l'île Madame et du Port-des-Barques, que les 6 à 700 qu'ils avaient chargés sur trois bateaux vinrent prendre leur mouillage à côté des 250 spectres qui étaient les seuls survivants de l'immense procession de confesseurs et de martyrs descendue à la mer par Rochefort. Et les 1.700 du Directoire sont encore venus féconder ce pays de la forte semence de leurs morts ; ceux-là même ont fait escale ici qui devaient s'en aller périr à Cayenne et à Sinnamary. Je le dis après Mgr de Saint-Flour, paraphrasant à ce sujet Victor Hugo:

O flots ! que vous savez de lugubres histoires !

...et de sublimes ! Mais on demeure confondu à penser qu'ils sont les seuls à se les raconter en montant les marées, et que, pendant un siècle et presque un quart de siècle en plus, l'indifférence des hommes, l'oubli ou l'impuissance de l'Eglise de France, jusqu'ici liée aux gouvernements issus de la Révolution, avaient tissé à ces pauvres morts un autre suaire plus épais, plus lourd à soulever que le sable ou l'argile sous lesquels ils sont couchés !...

———

Le supplice des pontons.

Donc, à la fin de 93, et au commencement de 94, après que la Convention a hurlé à la mort, les directoires de département se sont mis en mesure de *purger au plus vite la terre de la liberté de ces ennemis du bien public*, qui encombrent depuis des mois plus ou moins longs les couvents changés en prisons. De partout, de Metz, de Nancy, de Verdun, de Lille, d'Amiens, de Reims, de Troyes, de Sens, de Chartres, de Rouen, de Coutances, de Saint-Brieuc, de Quimper, de Moulins, de Bourges, de Tulle, de Saint-Flour, aussi bien que de Périgueux, d'Angoulême, de Limoges et de La Rochelle, toutes les routes de France qui vont vers le Sud-Ouest charrient sous l'hiver les lamentables convois. De Limoges, il est parti pour Rochefort, le 25 février, 40 prêtres ; le 29 mars, 39 autres ; avec ceux qu'on enverra un peu plus tard et ceux de la Creuse, c'est 122 environ que le diocèse fournit au sacrifice : et p'us de 80 succomberont. Telle est la proportion. La Meuse aura presque exactement les mêmes chiffres. L'Allier compte 62 morts sur 76 déportés, et Rouen 73 sur 81.

Et ils s'en vont, les pauvres prêtres et religieux, de tous Ordres, et à peu près de tous âges, malgré la loi, qu'on interprète largement, escortés de gardes qui ont la consigne de « fusiller le premier qui bronchera », qui les outragent, les maltraitent, excitent contre eux la foule : « Si vous étiez des animaux, on pourrait avoir pitié de vous ; mais, étant des monstres, vous ne méritez aucune compassion... » Huées : « A l'eau ! » « A la guillotine ! » blasphèmes, coups de pierres, menaces de mort. A La Rochelle, il y en a six qui, livrés à la populace en attendant leur embarquement, ont été massacrés; et l'on a promené leurs têtes sur des piques et traîné leurs corps en lambeaux par la ville. A Limoges, on a servi à la caravane du Bourbonnais la réédition d'une mascarade infâme, déjà offerte un mois auparavant à des détenus de la Corrèze; la « piquante singularité, » dit le *Journal du département*, d'un cortège où, précédés de la garde nationale, les sans-culottes, ayant revêtu chapes, chasubles, costumes de Carmes et de nonnes, accompagnaient un âne mitré monté à rebours par un prêtre, et un cochon en habits pontificaux avec une triple couronne et cette inscription : *Ego sum papa*. Et quand on les a eus traînés en chantant par toute la ville, on les a rangés autour de la guillotine, et le bourreau a exécuté devant eux, en feignant de les devoir passer tous à leur tour au couperet, un bandit de curé, l'abbé Gaston, qui depuis deux ans se cachait dans des champs de genêts, autour de sa paroisse, pour continuer ses secours à ses ouailles, et que des patriotes avaient enfin arrêté.

Il est vrai qu'en de certains endroits les populations, au contraire, leur sont sympathiques, voudraient les délivrer ; que de braves gens les ravitaillent, que des femmes sanglotent, que des geôliers même ont pour eux des délicatesses. Et il est vrai aussi qu'ils sont pleins de courage. Le P. Imbert, un Jésuite, a même composé un chant du départ pour l'Afrique qui a le lyrisme ardent et l'air... de la *Marseillaise*.

Enfin, d'étape en étape, de prison en église désaffectée et profanée, et de grenier en écurie, ils arrivent à Rochefort.

Au nom de la loi de confiscation, on les a fouillés tout le long de la route. On les fouille encore. On les fouillera toujours et partout, parce qu'il reste toujours quelque chose aux doigts de ceux qui font la fouille. On leur prend d'abord tout leur argent, — et il y en avait de riches, et les plus pauvres avaient ramassé sur eux tout ce qu'ils avaient pu — leurs montres, leurs tabatières, leurs boucles de souliers et de jarretières, leurs boutons de manches. (On a les procès-verbaux de dépôt) Mais on leur vole aussi leurs livres, leurs bréviaires, leurs manteaux, leurs vêtements, leurs couteaux et fourchettes, leurs valises. On se donne le plaisir obscène de les mettre nus pour les mieux visiter. On leur laisse juste les quelques nippes qui les couvrent et sur lesquelles, quand ils mourront, l'on s'empressera de faire — toujours très légalement — main basse. Puis on les entasse avec des forçats au réfectoire des Capucins et à la prison Saint-Maurice, sans paille, couchant sur des banquettes ou par terre, sans feu, sans lumière, sans air, sans exercice, au pain et à l'eau, incertains de leur sort, en proie aux rats, à la vermine, aux propos violents et aux rixes sanglantes de leurs compagnons...

Et s'il y a déjà des maladies et des morts, tout cela n'est que le mal ordinaire des prisons trop chargées, le mal qu'ont enduré les déportés de Bordeaux à la prison du Hà et au fort Pâté de Blaye. Aussi, sur onze cents que furent à peu près ceux-ci au cours de 1794, n'en a-t-il péri que deux-cent-cinquante : mince tribut à côté de l'autre !

Mais voici que déjà les prisons de terre n'ayant plus suffi, on a jeté le trop-plein de la charge dans la cale d'un vieux vaisseau à trois ponts, le *Bonhomme-Richard*, qui sert d'hôpital aux soldats galeux, et dans celle d'un autre vaisseau du port, le *Borée*. Puis, dès le mois de mars, les prisonniers atteignant le nombre de huit cents, et les arrivages, qui ne devaient cesser qu'en août, continuant toujours, il fallut bien que, harcelé par la Majorité maritime de Rochefort, le ministre donnât des ordres pour l'embarquement. Il affecta à la déportation des prêtres deux anciens vaisseaux à nègres et à charbon, les *Deux-Associés* et le *Washington;* et le supplice des *pontons* aussitôt commença.

Supplice sans nom, et dont la pudeur littéraire de jadis en même temps que la dignité humaine forcent les témoins qui le racontent d'en voiler en partie la hideuse réalité. Mais, les sobres récits des survivants, — des revenants ! — écrits et publiés au lendemain même de la tourmente, se trouvent aujourd'hui confirmés par les papiers officiels, rapports de médecins,

arrêtés des conseils publics, journaux de bord, regis-
tres d'écrou; et l'on y peut entrevoir toute l'horreur,
toute l'épouvante, toute la pitié, mais aussi tout l'at-
tendrissant, le beau et le sublime que portèrent dans
leurs flancs pendant onze mois et balancèrent aux
roulis de la vague ces cachots mouvants qu'on appelle les pontons de Rochefort.

Dans l'entrepont des *Deux-Associés*, où il y a quarante places, on en a, le sabre en main, précipité
quatre cents.

— *Entrez, scélérats que vous êtes, ou je vous hache;
qu'il y ait de la place ou non, il faut vous f... là.*

— *Bah! 400 nègres ont logé à ce même bord, et ils y
étaient au large!*

— *Vous en verrez bien d'autres! S'il en meurt 20,
nous en ferons venir 40!....*

Chaque nuit, on les précipite dans l'entrepont tout
noir où quatre cents chiens, dit un médecin dans un
rapport, s'ils y passaient une seule nuit, seraient tous
morts ou enragés et où l'on a, pour qu'ils y puissent
tenir, cloué en rayons le long des parois des planches
sur lesquelles ils s'entassent. Fermés sous verrous pendant
onze ou douze heures, ils doivent croupir, malades,
agonisants ou morts, littéralement emmêlés les uns dans
les autres, se marchant dessus, s'écrasant pour aller
aux deux baquets qui servent de latrines. Et tout cela
que travaillent et vont dévorer très vite la gale, le
scorbut, la gangrène, la dysenterie, le typhus et les
fièvres putrides; tout cela sue, saigne, vomit, fiente,
gémit, crie, délire et expire dans une atmosphère de
cauchemar. On étouffe sans pouvoir se retourner, on
se heurte aux poutres et aux planches; on se blesse
mutuellement. Qui est là? Et c'est un égaré qui tombe
sur vous, qui râle, et dont on va jusqu'au jour porter
le corps sur ses jambes et soutenir la tête sur sa poitrine. C'est un dément qui vous étreint, qui vous frappe,
vous mord en hurlant... L'abbé Théobald Petit, un
jeune curé de grande valeur, a pris la mort en dor-
mant sur un cadavre, figure contre figure, et humant
son haleine empestée...

Sylvain Maréchal, l'abominable auteur de la parade

dramatique *le Jugement dernier des rois*, qui s'est jouée au théâtre de la République, le lendemain même de la mort de la reine, devant une élégante galerie d'impures en fourreau de satin, devant Lucile Desmoulins, jeune mariée à robe rose, n'a guère imaginé pire, quand il a mis en scène le Pape et tous les rois d'Europe jetés sur une île déserte et se battant comme des chiens autour d'une barrique de biscuit.

« La guillotine, disait le sans-culotte qui les montrait, « c'eût été trop doux et trop court. Il a paru plus « convenable d'offrir à l'Europe le spectacle de ses ty- « rans détenus dans une ménagerie et se dévorant les « uns les autres... »

Il semblerait que c'est ce programme d'une haine diabolique qui a évacué de tout le pays et poussé à cette sentine immonde pour l'y faire pourrir ce qui fut la fleur du clergé de l'ancienne France !

Au jour, quand, *avant de les faire sortir* de leur ca- chot empuanti, on a, pour désinfecter ensemble l'éta- ble et le bétail, plongé dans des barriques de goudron des boulets rouges, dont la fumée les asphyxie et leur fait cracher le sang, on les parque sur une moitié du pont, que ferme une barrière hérissée de pointes de fer et que troue la gueule de quatre canons menaçants. Ils sont là sous les frimas et les rafales de mars et avril 1794, sous les chaleurs d'un été qui fut torride, sous les pluies torrentielles de l'hiver 1795 où la Cha- rente elle-même fut prise et bloqués les navires. Ils man- gent, dix par dix, à la gamelle, souvent sans cuillers, fourchettes, ni couteaux, et debout, l'infecte pitance que leur laissent l'inhumanité et les malversations de l'équi- page : soupe de fèves noire de charançons, débris de morue « chanvreuse » ou de viande avariée ; rongeant de leurs gencives, amollies et ulcérées par le scorbut, le biscuit plein de vers, si affamés, si misérables qu'ils se battent presque à la distribution du pain et qu'on en sur- prit, malgré la défense, à dérober quelques morceaux de pain dans l'auge des pourceaux du capitaine ; bu- vant — quand ils en ont — l'eau « de cale » noire et pourrie ; passant leur temps, en dehors des rudes et répugnantes corvées qu'on leur impose, à rapiécer leurs vêtements en guenilles, à laver leur unique chemise, à gratter leurs plaies, à tuer interminablement les armées de poux qui les dévorent.

Car les effets des morts n'appartiennent même pas aux vivants qui les ont aidés à mourir. Et le P. Retouret, des Grands Carmes, qui avait été un professeur de rhétorique, un prédicateur en renom de grandes stations, embarqué malgré ses joues creuses et sa maladie de foie, et dont la sciatique grelotte sous un frêle habit de camelot, mourra sans avoir obtenu du capitaine le vêtement d'un confrère disparu.

Tant de misère et de si affreux traitements les ont exténués, hébétés, abrutis. Et comme, fouillés et refouillés sans cesse, ils n'ont plus ni chapelets, ni livres, ni rien, comme le moindre geste de piété, le moindre mot latin les fait châtier ainsi que des conspirateurs, il en est qui perdant par une étrange névrose toute mémoire, et presque toute pensée, ne peuvent même plus prier, ni même réciter le *Pater*, et qui se désespèrent dans la peur d'oublier jusqu'aux paroles sacramentelles de la pénitence et de l'extrême-onction !...

C'est qu'on voit, qu'on entend et qu'on souffre de si horribles choses que les cerveaux se vident ou que la folie les envahit par brusques éclats.

Il y a un arrêt de la Majorité de Rochefort qui ordonne de « fusiller sur l'heure les déportés qui seraient convaincus de complot ». Donc, parce que le chanoine Roulhac, un doux et qui va mourir très calme en pardonnant aux hommes et demandant à Dieu pardon pour lui-même, est accusé d'un propos imprudent, au mât de misaine, devant la moitié des déportés sur lesquels on a peureusement braqué les canons, on le fusille de vingt balles à bout portant. Ou, parce que le P. Coudert, un Carme déchaussé d'Angoulême, qui devait finir très paisiblement, très pieusement, et expirer sans qu'on s'en aperçût, se démène dans un accès de fièvre chaude au milieu de ses confrères en émoi, l'équipage affolé s'arme en hâte, allume la mèche des canons ; sur le champ, le jury déclare coupable de révolte tout le groupe, et le condamne à être mitraillé. La fatalité fit qu'un chirurgien de l'état-major voulût bien reconnaître le cas et empêchât l'exécution de ceux qui l'avaient attendue toute une nuit comme une délivrance. Et aux fers celui qui n'exécute pas assez vite une répugante ou dure corvée! Aux fers pour quinze jours celui qui a osé demander aux matelots de lui apporter quelque fruit pour le rafraîchir... Aux fers celui qui s'est plaint que le biscuit était plein de vers, et avec lui les quatre prêtres qui mangeaient au même plat... Aux fers celui qui a inséré dans une lettre à ses parents un passage des psaumes... Aux fers les dix-sept prêtres qui ont adressé une pétition au district de Rochefort : et le supplice est si dur que la moitié y succombe...

Cependant, au milieu de cet enfer et sur ce fumier de Job, la sainteté fait pousser ses fleurs merveilleuses. Aux prisons de Rochefort, on observait l'abstinence du Carême. Qui croirait que sur les pontons, où une guerre terrible est faite à tous objets de superstition, non seulement l'un a pu sauver un bréviaire, un autre un Evangile, une croix d'argent remplie de reliques, une boîte des saintes Huiles, mais qu'il y en a qui ont encore conservé leur cilice et leur discipline ? Et l'on se confesse, on s'absout, on se donne dans l'ombre les derniers sacrements, on reçoit le repentir des renégats, on se réconforte, on s'édifie mutuellement. Il y a un règlement qu'on s'est fait à bord des *Deux-Associés*, un corps de résolutions pour ne rien tirer de ces terribles épreuves qu'un effort de perfection, qui est proprement un chef-d'œuvre de sainteté.

Il y a des traits charmants et il y en a de sublimes. Le chanoine Doudinot de la Boissière, qui avait été conseiller au Parlement de Bordeaux, se fait pour s'occuper, et gagner quelques morceaux de pain de supplément, le tailleur d'habits des gens de l'équipage. L'abbé de Cardaillac, est le fils d'un marquis, il a été aumônier de Madame, comtesse de Provence, et possédant, comme tant d'autres, avec les vertus sacerdotales, l'esprit enjoué et les manières pleines de grâce du grand monde, il a un entrain, une affabilité, une complaisance, un zèle apostolique « qui électrise tout le monde ». En attendant qu'il meure lui-même victime de sa charité d'infirmier, incomparable est son adresse à se procurer quelques remèdes et à les présenter aux malades ; et ses discours, pleins de l'onction du Saint-Esprit, fortifient merveilleusement les âmes... Quand il faut faire sourire ceux qui ont l'humeur noire, il a pour lui donner la réplique l'abbé de Féletz, le jeune et fin lettré, qui, s'étant, lui, échappé du naufrage, sera le brillant journaliste des *Débats*, l'académicien qu'aimait Chateaubriand et que redoutait Sainte-Beuve.

Mais c'est la mort qui, réveillant les âmes, les dégageant de la fange des chairs ulcérées, leur fait jeter de merveilleux rayons. Le vicaire général de Limoges, Pétiniaud de Jourgnac, qui, par son aménité, sa piété tendre, sa charité, son talent et sa figure extérieure elle-même évoquait saint François de Sales, tout couvert de plaies, tout mangé des vers, souriait à la douleur, et, les lèvres toutes pleines des paroles de l'Écriture, versait un peu de sa générosité et de sa joie à ceux qui mouraient en même temps que lui. Et un ancien docteur de l'Université d'Angers, Pierre de la Morelie de Puyredon, qui avait, comme doyen du Chapitre de Saint-Yrieix, rédigé contre la *Constitution civile* une protestation énergique et déposée chez un notaire, tenait en agonisant des propos si pleins d'une force surnaturelle que le capitaine lui-même vint par curiosité les entendre.

Le " champ des martyrs " de l'île Madame.
Le cimetière de Brouage.

Or, la mort, comme on l'avait prévu, comme il le fallait pour faire place à d'autres, et hâter pour les matelots le pillage des derniers effets, fauchait dans le tas, et allait d'une vitesse toujours s'accélérant. « Bah ! si le scélérat meurt, disait au début un médecin en ordonnant une dose d'émétique à tuer un cheval, ce sera un ennemi de moins pour la République! » On jeta d'abord tout simplement les cadavres à l'eau. Mais les courants très forts de flux et de jusant charrièrent ces épaves affreuses sur les bords du fleuve et jusque dans Rochefort. Les riverains empestés jetèrent les hauts cris. Alors on les enfouit, çà et là, dans les hautes boues, autour du Fort-Lupin, du Fort-Vaseux, du Port-des-Barques ou dans le sable des îles, surtout de l'île d'Aix où l'on peut plus facilement accoster. Les confrères étaient là pour la corvée, qui de la barque jusqu'à terre, enfonçant sous leur fardeau, dans l'eau ou la vase, trébuchant dans les galets et sur la « banche », obtenaient quelquefois de la pitié des voisins une brouette pour finir le trajet.

Mais l'été venu, c'est la pestilence que portent en leurs flancs les deux navires et qu'ils répandent avec leurs morts sur toute la côte. Le conseil de santé de Rochefort s'alarma. A la visite d'un chirurgien, il y a déjà eu cent douze morts sur les *Deux-Associés* depuis trois mois; il y en a deux cent quarante-trois en août, et cent quarante-quatre malades. Et maintenant, chaque matin, c'est dix, douze et jusqu'à quatorze cadavres qu'il faut remonter du charnier par l'écoutille...

Sans doute, dit le rapport d'un major, si ce système n'avait d'autres inconvénients que de débarrasser la société de grands coupables, on pourrait fermer les yeux sur ce fléau destructeur, mais on ne peut favoriser le développement d'une maladie contagieuse sans compromettre le reste de la société qu'elle peut atteindre...

On n'a pas osé, comme quelques-uns en ont émis l'idée, supposer une révolte et mitrailler toute cette prêtraille, ou empoisonner ses aliments. Alors, après qu'on a essayé de se débarrasser des malades en les versant par cinquante et soixante sur deux chaloupes non pontées, où, ballottés sans relâche, baignant dans l'ordure et l'eau, ils périssaient encore plus vite, au 18 août on prit le parti de tout jeter, moribonds et morts, avec leurs infirmiers fossoyeurs sur ce rocher de l'île Madame, autre ponton à peu près détaché du continent et presque aussi flottant que les autres.

Et voilà comme elle fut, la pauvre île déserte et sans gloire, l'autel, où pendant deux mois d'un été torride, toute cette souffrance brûla pour Dieu, comme elle devint la tombe solitaire et muette où trois cents de ces martyrs trouvèrent le sommeil de la terre en attendant le grand réveil...

Descendus par des palans dans des barques, portés pour finir d'atterrir sur les épaules des confrères qui se sont faits leurs infirmiers, près de deux cents moribonds, dont trente-six rendirent le dernier soupir dans ce débarquement, et que d'autres devaient suivre, vinrent donc échouer là, et nus sur la terre nue, finir leur vie de souffrance comme l'Enfant Dieu avait commencé la sienne !

On leur donna pourtant de quoi se bâtir quelques baraques et quelques tentes. Et puis, l'île était à peu près déserte, séparée de la terre habitée par toute la longueur de la Passe-aux-Bœufs. Ce n'était qu'un radeau de misère, mais le radeau était pour ainsi dire à eux... Aussi ceux qui réchappèrent de ce naufrage devaient en garder à tout jamais quelque douceur dans le souvenir et un attendrissement de gratitude.

Ici, sous le plein ciel du bon Dieu, devant la pleine mer que la plupart n'avaient jamais connue, dans cette lumière limpide où ils revoyaient, après leur ténébreux cauchemar, de la verdure, des papillons, des oiseaux, de la vie, l'âme enfin renaissait, devenait plus capable de sentir la souffrance et de l'offrir à Dieu.

Ici on pouvait, un peu plus libres sous la surveillance moins impitoyable, faire quelques pas dans le champ devenu depuis « le Jardin des Prêtres », cueillir des mûres aux haies, de l'oseille sauvage et du fenouil, vrai régal, à marée basse ramasser, parmi les roches, des crabes, des moules, des escargots de mer...

Ici, malgré les sentinelles, un peu d'humanité pénétrait par les pêcheurs allant et venant, avec lesquels on échangeait quelques propos, et, du côté de la terre, par le pourvoyeur installé au fortin ruiné de Port-des-Barques.

Ici, dans l'île aussitôt consacrée à la Vierge du 15 août, on pouvait prier, chanter, se soutenir, s'édifier les uns les autres, tirer les quelques bréviaires échappés aux perquisitions, se donner autrement que dans le noir du cachot les hosties qu'un prêtre avait réussi à garder sur sa poitrine, les gouttes des saintes huiles miraculeusement conservées par un autre.

Ici surtout après avoir enduré sous le frêle abri des ter à la bonne souffrance, et baisé le petit crucifix que l'un d'eux tailla dans un morceau de buisson au couteau, on pouvait mourir en paix...

On ne s'en fit pas faute, de bien souffrir, ni de bien mourir, puisque près de trois cents, comme j'ai dit, ont été mis en terre là. Mais des traits d'héroïsme et de sainteté, des mots de piété sublime ont fleuri sur cette pauvre lande, qui fut à la fois champ du martyre et champ du repos.

Dans ce cadre de solitude presque aimable, cette sombre tragédie eut son horreur adoucie et atteignit la suprême beauté. Ici la nature, comme Véronique au Calvaire, essuya, lava de leur sanie ces crucifiés. C'est ici que la pensée supporte le mieux d'évoquer leur image et de méditer sur tout le poème de leur martyre...

****

L'éclaircie fut courte d'ailleurs, et de quelques semaines seulement, car l'automne vint, avec les bourrasques d'équinoxe, et les coups de vent, d'une violence, sur cette fin de la terre, à tout emporter. Les rafales crevant la toile des tentes et les paquets d'eau ruisselant sur les grabats forcèrent, en octobre, à rembarquer sur les pontons ceux qui restaient de ce massacre. On se trouvait, il est vrai, plus au large puisque, des huit à neuf cents de cette fournée, il restait à peine un tiers.

Mais l'hiver fut cette année-là terrible et pendant trois mois, sur le pont couvert de neige ou de verglas, les pieds mouillés, grelottants sous les haillons trempés par la pluie, et cinglés par la bise, comme ils durent envier leur repos à tous ces morts dont ils avaient, à quelques encâblures, le lieu de sépulture sous les yeux!

C'est à la fin de décembre que la tempête qui les avait assaillis au large rejeta près d'eux dans cette même rade de la Charente, en face Port-des-Barques, les trois navires qui étaient allés le mois précédent charger à Blaye et à Bordeaux les sept cents prêtres enfermés au fort Pâté et au fort du Hâ.

Or, ceux-là aussi, en leurs prisons de terre, avaient durement souffert ; ceux-là aussi avaient payé, à la mort le lourd tribut de plus de deux cents victimes.

Pourtant, voici qu'après s'être crus les plus malheureux des hommes, en revoyant, sans pouvoir reconnaître leurs parents, leurs amis, ce troupeau hâve d'ombres en guenilles, avec les visages terreux, aux yeux hagards ou éteints, et dont la misère comme une lèpre avait fait tomber les cheveux et la barbe, ils éclatèrent en sanglots. Ce furent eux qui, se faisant les pourvoyeurs de leurs confrères, les ravitaillèrent en partageant avec eux leur linge, leurs vêtements, leurs souliers, leur argent. Et c'est encore avec les témoignages des uns et des autres une émouvante histoire à écrire.

Mais de terre commençait à venir un souffle moins dur qui faisait les bourreaux tremblants de peur et complaisants par lâcheté, qui mettait dans le cœur des victimes l'espoir de la délivrance.

La délivrance vint lentement et ne vint pas pour tous. C'est grâce à des libérations presque individuelles qu'un certain nombre, à partir de février jusqu'en avril, furent acheminés sur Saintes, la bonne ville qui leur fut hospitalière et vraiment maternelle, et puis obtinrent peu à peu d'être rapatriés en leur pays. Mais ils en laissaient derrière eux cent-cinquante qui furent, pendant quatre longs mois, emprisonnés, oubliés à Brouage.

*
* *

Brouage, la ville de Richelieu, la ville morte qui, sur la plaine de Broue morne comme une steppe, dresse ses bastions en ruines et ses tourelles en encorbellement où poussent les arbres entre les pierres, fut le terme dernier de ce douloureux calvaire ; et elle est une station marquée des futurs pèlerinages.

Soit, en effet, dit M. le chanoine Lemonnier, que certains ecclésiastiques fussent plus compromis que leurs confrères, soit que les listes eussent été faites avec précipitation, il en restait, après l'appel des libérés et les ravages des épidémies, encore cent quarante-sept, presque tous appartenant aux diocèses du Midi et venus par les négriers de Bordeaux.

Comme ils étaient pour la plupart rongés du scorbut et qu'on craignait la contagion, sauf sept moribonds qu'on porta à l'hôpital de la marine à Rochefort, on poussa le lamentable troupeau vers la vieille citadelle abandonnée où il n'y avait rien de prêt pour les recevoir, ni médecins, ni remèdes, ni lits, ni paille. On les enferma dans l'ancien couvent des Récollets et dans l'église paroissiale. Six mois après on en était encore à demander pour eux un officier de santé, des matelas et des couvertures !

Et les lettres du juge de paix de Marennes, celles de deux officiers de santé de passage à Brouage, les montrent « presque nus, couchant dans des locaux immondes, souvent sur des planches, *n'ayant pas seulement de paille* (et l'on est en novembre), atteints de fièvres tenaces, ou de dysenterie violente... Depuis quinze jours, huit ont succombé et dans ce moment le nombre de ceux qui se portent passablement suffit à peine pour porter les défunts en terre... » Un peu plus tard, en février 1796, c'est l'ordonnateur du port qui informe la marine qu'il ne peut plus fournir de vivres aux détenus de Brouage, car « le port et la ville sont à la veille de manquer de pain ! »

Mais ceux-là aussi, sans doute, au milieu de leurs misères, avaient peu à peu joui de quelque liberté. Car une tradition affirme que, dans une ancienne casemate qu'on montre formant grotte au fond du jardin du commandant de la place, sur une pierre d'autel en débris, ils auraient, à un certain moment, célébré la messe. Et sur les voûtes de la porte nord de l'église, et dans les guérites des remparts, on trouve, gravés dans la pierre, comme les grafites des catacombes, des croix, des monogrammes du Christ, et quelques inscriptions qui sont sans doute la marque de leur passage.

Or, voici qu'en 1910, la pauvre église de cette petite cité déchue et morte, qu'habitent seuls, au milieu des fièvres de marais, quelques pêcheurs, s'en allait en ruines, comme les remparts. Mais Brouage est la patrie de Champlain, le fondateur de Québec : il y a son petit monument. Pour sauver le sanctuaire où il avait, il y a deux siècles et demi, reçu le baptême, on s'adressa — la France est si loin ! — au maire de Québec, on implora son secours. Et tout de suite la Société Saint-Jean-Baptiste, fondée là-bas pour la conservation de la langue et de la foi française, forma un Comité spécial, ouvrit une souscription et envoya six mille francs pour réparer l'église.

Trait touchant, bel exemple, et toutefois un peu humiliant. Faudra-t-il aussi tendre la main par delà les mers pour qu'au cimetière on relève les sépultures des prêtres qui sont morts là et qu'un moument, élevant au-dessus de terre leurs noms, apprenne à saluer en Brouage non plus seulement une grande ruine mélancolique, mais un tombeau sacré ?...

Le registre de l'état civil de la commune énumère, en effet, quarante-deux décès ecclésiastiques. Et lorsque en mars 1796 on se décida à fréter une barque pour transporter ce qui restait à Saintes, ils n'étaient plus que soixante-treize !

*
* *

Hélas, de ces survivants de Brouage, de l'île Madame et des pontons, que la faim et la maladie avaient faits spectres, combien en réapparut-il en leur pays, après qu'ils eurent encore jalonné de leurs cadavres les routes du retour ?...

On le saura au juste quand chaque diocèse aura dressé son bilan et de chacun de ses « martyrs » établi le dossier. Rouen, par exemple, qui en avait vu partir quatre-vingts, n'en vit revenir que *huit*.

J'ai dans les mains la brochure de deux prêtres bourbonnais qui donne pour leur diocèse à peu près les mêmes chiffres.

C'est le poème en vers latins d'un de ces vieux humanistes comme il y en avait beaucoup dans le clergé de l'ancien régime, Dumonet, principal du collège de Mâcon, qui, témoin de tant de choses affreuses et de traits admirables, mais croyant la persécution à sa fin et se croyant près d'être sauvé, se mit sur place, et sans plus attendre, à célébrer le martyre de ses confrères en hexamètres, comme avait fait Prudence au IVe siècle.

Quot fidei patuere oculis miracula nostris!

À peine l'avait-il achevé qu'il le signa de son sang, *étant décédé*, comme dit l'acte dressé à bord, *le 27 fructidor, an IIe de la République, une et indivisible, (29 janvier 1795), sur l'île Citoyenne, d'une fièvre putride.* Un autre, Antoine Lequin, prieur-curé de Loriges en Bourbonnais, recueillit le poème, et durant les quelques semaines où, avant de le libérer, on le détint à Saintes, dans le couvent des Filles Notre-Dame, il le retoucha, le compléta, le traduisit, y ajouta des notes, un catalogue, et data le tout de *Saintes, le 30 mars 1795.*

Rien de plus sinistre que les tableaux qu'il a dressés des soixante-seize ecclésiastiques séculiers et réguliers partis comme lui-même pour la déportation de la maison de Sainte-Claire de Moulins. Il y en a un où ils sont inscrits par rang d'âge : Le P. Loir, capucin, 77 ans : *mort ;* — Charles Godin, curé, 75 ans: *mort ;* — le P. Imbert, ex-jésuite, 75 ans : *mort...* Vous entendez sonner vingt-neuf fois ce glas avant d'arriver à Lequin lui-même, 60 ans, qui est le seul échappé de sa génération ; car le glas après lui recommence à tinter et je compte encore douze coups, douze victimes, avant de trouver un autre survivant, Jean Dhérat, chanoine de la sainte-chapelle d'Aigueperse, qui n'a que 50 ans !

Un autre tableau les classe d'après leurs titres : et je vois treize chanoines, trente-trois curés, desservants ou vicaires, dont il est mort trente ; treize religieux, capucins, récollets, bénédictins, jésuites, cordeliers, minimes, trappistes de Septfonts, sur lesquels il en a survécu deux ; et des prêtres non bénéficiers, et deux frères de la Doctrine chrétienne, morts aussi tous les deux. En dehors de l'épiscopat — qui a eu ses martyrs aux Carmes — tous les degrés de la hiérarchie, et tous les ordres religieux, ont fourni des victimes au sacrifice, et toutes les classes sociales, races de patriciens, familles d'artisans, ont de leurs enfants, leurs saints, ensevelis là... et depuis plus d'un siècle ignominieusement abandonnés...

Un siècle d'abandon.

C'est un troublant mystère, et qui irrite d'abord et puis confond, que le délaissement presque complet de ces pauvres morts pendant plus de cent ans.

Comment se fait-il que pendant plus d'un siècle l'Eglise de France a négligé les restes et la mémoire de tels héros, qui devaient être sa gloire, dont elle pouvait faire des saints et des martyrs ?

Comment le clergé de Saintonge et d'Aunis, dépositaire de telles reliques, les a-t-il méconnues, délaissées, tandis qu'il eût dû, dès la première heure, y porter ses prières, y mener ses processions du 2 novembre ?

Il y a là des abbés, des prieurs, des vicaires généraux, des chanoines, des curés, des religieux de tous les ordres. Comment leurs successeurs, leurs frères en Dieu, ne sont-ils pas venus, eussent-ils dû user leurs pieds à faire le chemin, chercher leurs traces et baiser la terre où dorment ces reliques ?

Et six cents familles de France, de toutes conditions sociales, et des plus hautes, ont là quelqu'un des leurs. Je vois, parmi de vieux noms de bonne bourgeoisie et de bonne roture françaises, des d'Aligre, des d'Aurelle, des d'Aubigny, des la Borderie, des du Barry, des Blot de Chauvigny, des Foucart d'Hautefaye, des Poujol de l'Isle, des Luchet de la Motte, des Doudinot de la Boissière, des Cuny, des de la Haye, des de la Gravière, des Chazeray, des Vassimont, etc., etc... En quel pays sommes-nous donc où, alors qu'ils sont là, à portée des genoux, on laisse ses morts enfouis comme des chiens, sans la croix de bois de la fosse commune, sans les couronnes du mur des fédérés, sans le bouquet de fleurs qu'on trouve jusque sur le tertre des condamnés à mort?...

Et d'abord et surtout comment les survivants que devait ramener vers des lieux consacrés par de tels souvenirs le plus banal sentiment de pitié pour eux-mêmes, de piété envers ces défunts dont ils avaient vu les fins émouvantes, dont ils avaient recueilli les derniers soupirs, qu'ils avaient soignés, soutenus, confessés, et enterrés de leurs mains, ne sont-ils jamais venus marquer les places, poser des tombes, planter au moins des croix ?...

J'ai demandé, je demande encore à tous les points de l'horizon un document, la confidence d'un écrit ou d'une lettre, qui donne le mot de cette irritante énigme, ou qui signale dans les lointains de la Restauration ou de la « lune de miel » du Concordat, qui furent le lendemain de cette tragique histoire, un essai de réparation, quelques visites de parents, quelques retours d'échappés du naufrage au pays où ils avaient cru mourir, quelques signes funéraires plantés ici ou là, que les marées auront fait disparaître... Mais quelle vague d'oubli fut donc assez grosse pour tout effacer dans la mémoire des hommes et leur faire perdre jusqu'au chemin de ce champ des martyrs ?...

Je suis tenté parfois de chercher quelque raison mystique cet abandon en quelque sorte universel.

Un document extraordinaire, d'une authenticité incontestable, et qui prouve la hauteur d'âme de ces proscrits, donnerait à penser, que ce fut leur sainte volonté, mourant pour Dieu seul, de ne recevoir du monde aucun hommage de gloire.

Lorsque, en effet, à la fin de décembre 1794, la nouvelle vint aux survivants des pontons qu'ils allaient sans doute être mis à terre, réagissant pieusement contre leur joie, et s'unissant dans un merveilleux effort de vertu et de renoncement sacerdotal, ils rédigèrent et signèrent des résolutions pratiques en neuf articles, par lesquelles, s'engageant à ne faire, désormais, qu'un cœur et qu'une âme et à devenir un modèle d'édification pour les peuples, ils promettaient de ne se livrer à aucune inquiétude sur leur délivrance, ni à aucune joie immodérée s'ils recouvraient la liberté, à ne montrer aucun regret de la perte de leurs biens, à ne point s'autoriser de leurs privations pour manquer à la sobriété ; à ne point répondre aux vaines questions que les curieux de la route leur feraient sur leur état passé, « à ne faire part de leurs peines qu'à leurs parents et amis, et encore avec beaucoup de prudence et de modération, à n'en jamais parler en public, laissant entrevoir qu'ils les ont supportées avec patience et sans aucun ressentiment contre ceux qui en ont été les auteurs ou les instruments ».

Admirable connaissance du cœur humain que cette défiance contre ses orgueilleuses faiblesses ! Et comme il apparaît que la sainteté des morts s'était communiquée aux vivants et les faisait se dicter à eux-mêmes cette loi d'humilité, de silence et de pardon !...

Les survivants pourtant n'avaient pas douté qu'ils reviendraient bientôt eux-mêmes chercher, pour la revanche d'un hommage triomphal, les dépouilles sacrées dont ils savaient, eux, pour les avoir ensevelies, exactement la place.

Il faut entendre le cri du chanoine Labiche de Reignefort, ne se consolant que par cet espoir de la douleur de n'avoir pu, tandis qu'il luttait lui-même contre la mort à l'île Madame, connaître et assister l'agonie de son aîné, le missionnaire, qui mourait du scorbut à un quart de lieue de là, à Port-des-Barques ; cet aîné si doux, si candide et si pieux, qui, douloureusement malade presque toute sa vie, aurait pu, de par la loi même, alléguer quand il avait été arrêté de légitimes moyens de dispense, mais qui, par une sainte émulation, s'était sans rien dire laissé embarquer avec ses confrères !

« O mon frère, mon tendre frère, puisque le ciel

« a voulu que je restasse après vous, qui me donnera
« du moins de voir le Seigneur rendre à ma chère
« patrie son antique religion avec la douce paix, afin
« que l'Eglise puisse un jour décerner aux restes de
« tant de généreux athlètes les honneurs légitimes qu'on
« rend à la dépouille mortelle des saints, et que moi-
« même je puisse, parmi les cendres vénérables de
« tant de ministres de Jésus-Christ, démêler la cendre
« à jamais chère à mon cœur du meilleur et du plus
« tendre des frères ?... »

Ainsi dut soupirer, au cours d'une vie très longue,
ce Mathias de la Romagère, qui avait vu son aîné,
Pierre-Joseph, mourir saintement dans ses bras, et qu'un
joug mystérieux empêche pendant quarante-cinq ans
d'aller rechercher ses restes !

Leur histoire est à la fois typique et bien suggestive.
Ils sont d'une grande famille d'Auvergne et Bourbonnais, alliée aux Damas, aux Duplessis de Richelieu, aux Noailles, et qui est toute faite de chevaliers de Malte, de chevaliers de Saint-Louis, de gouver-
neurs du Lyonnais ou du Forez, de gentishommes de la
Chambre, d'ambassadeurs du Roi. Comme en ce temps
entrer dans le sacerdoce n'est point déroger, et que
chaque famille de France, au contraire, a de quoi
faire sur ses enfants la « part de Dieu », ils ont,
l'un après l'autre, du collège des Oratoriens de Ven-
dôme passé à Saint-Sulpice ; ils ont pris des grades,
et sont devenus, Joseph, vicaire général et archidiacre
de Bourges ; Mathias, vicaire général de Mgr de Cler-
mont-Tonnerre, à Châlons-sur-Marne, et chanoine théo-
logal de la cathédrale. L'un et l'autre ont refusé le
serment ; et, traqués par les gendarmes, ils ont autour de leur paroisse natale de Saint-Sauvier, dans
l'Allier, par les bois et les landes de la Creuse, mené
longtemps une vie misérable, gîtant parfois dans le creux
des vieux chênes, mais disant çà et là la messe, et
donnant les sacrements aux fidèles qui ne veulent pas
des curés jureurs. Ils sont pris enfin en 93 : Joseph,
sur le territoire de l'Allier ; Mathias, à l'abbaye des
Pierres, dans un sauvage vallon du Cher ; enfermés
donc, l'un aux Clarisses de Moulins, d'où, en novem-

bre, il sera, de brigade en brigade, emmené à Rochefort avec soixante-quinze prêtres du département et
embarqué sur un ponton ; l'autre, aux Clarisses de
Bourges, d'où, jeté sur une mauvaise charrette avec
huit autres, il vient, en mars 91, par le même chemin, retrouver son frère sur le même navire.

Tous deux endurent là les tortures communes. Mais
Joseph, qui a dans le martyre quatre mois d'avance,
et qui est rongé du scorbut, meurt, ferme, résigné,
s'étant, par de profondes rêveries devant la mer, pré-
paré à son suprême sacrifice. Mathias, qui est un cou-
rageux, un fort, un gai, réchappe lui seul, avec un
autre des neuf de Bourges, des souffrances et de la maladie. Mais toute sa vie il gardera au-dessus des che-
villes le large sillon rouge des fers auxquels il a été
rivé pour avoir signé une lettre aux autorités de Rochefort demandant en faveur des malades un peu d'humanité.

Or, libéré en février ou mars 1795, quand la persécution a un moment fait relâche, il est rentré en
son pays, est devenu, à la réouverture des églises, chanoine de Clermont ; puis, en 1817, il est le seul, ou peu
s'en faut, des déportés que la Restauration, oublieuse
la première, ayant elle-même les mains entravées par
le Concordat, a pu faire monter de la peine à l'hon-
neur, et il est devenu évêque de Saint-Brieuc. Zèle,
vertus admirables, apostolat de toutes sortes, et du
dévouement tant qu'on en veut pendant le choléra de
1832... Quand il meurt en 1841, on lui élève un tombeau dans la cathédrale, et l'on va y brûler des cier-
ges ; on l'honore comme un saint, comme un con-
fesseur de la foi et qui a porté les stigmates de Dieu
sur son corps, *Vinctus in Domino stigmata DEI, in
corpore suo portavit...* C'est très bien. Cependant l'autre, celui qui est mort là-bas, sans honneurs et sans
oraison funèbre, gît toujours dans la lande ; et sur
ce corps, qui doit un jour ressusciter glorieux, piéti-
nent les troupeaux !...

Dumonet, en exaltant dans son poème latin ces martyrs nouveaux qu'on livrait non plus aux lions et aux
flammes, mais à la mer, à la famine, à l'ordure et aux

poux, n'avait pas manqué de leur promettre comme à ceux de jadis des palmes des chants de gloire, un peuple entier venant dans le péril invoquer leur secours. Oui, il annonçait que cette petite île (*Aix* ou *Madame?* à chacune des deux sœurs jumelles la prophétie peut aussi bien s'appliquer), serait célèbre un jour, que toute la nation y viendrait honorer et prier ces saints et qu'une église s'y dresserait sur leurs corps sacrés :

> *Insula felix,*
> *Ingenti, sis parca licet, donabere fama.*
> *Quorum nempe tenes sacra pignora quisque triumphos*
> *Cantibus extollet. Gens ad te confluet omnis,*
> *Tam certos rebus dubiis orare patronos.*
> *Quin ibi consurget templun (faxit Deus) in quo*
> *Cultor non deerit rerum qui numen adoret.....*

Devant cet oracle, que l'auteur a signé de son sang, le frisson du merveilleux déjà tourne autour de vous.

Mais en 1796, ni en 1801, les temps n'étaient pas encore accomplis, sans doute. Il fallait l'oubli des morts pour laisser aux survivants l'ombre à laquelle ils s'étaient voués... Et c'est pourquoi, dans le tohu-bohu du siècle nouveau et le fracas des ruines de l'ancien, ces discrètes voix d'outre-tombe semblent n'avoir produit aucune ondulation qui amenât les curiosités et les cœurs vers le champ des martyrs de l'île Madame.

Et puis, qui sait, peut-être un dessein providentiel voulait que ces héros, qui étaient morts pour la liberté, pour l'intégrité de l'île de France, n'eussent leur jour que quand viendrait pour cette Église une crise nouvelle où il s'agirait encore de son indépendance et de son indestructible union avec Rome. Le Concordat n'était qu'une trêve entre la Révolution et le Saint-Siège, qu'un accord provisoire, plutôt subi qu'accepté et par lequel Rome avait fait en vue de l'apaisement les extrêmes concessions. De même que, pour obéir à ce mot d'ordre de paix, beaucoup d'évêques et de curés « réfractaires » durent résigner leurs charges, peut-être les morts aussi reçurent-ils de Dieu l'ordre d'ajouter à leur sacrifice celui-là encore de voir leurs restes continuant à pourir dans la terre, et leurs noms oubliés de leurs frères... jusqu'à l'heure où pour la guerre d'indépendance recommençante leur aide deviendrait nécessaire.

Humainement parlant, il était naturel que l'Empire tînt à ne pas laisser sortir de terre les souvenirs d'un des plus exécrables forfaits de la Révolution, d'une des plus fières victoires de l'Eglise invincible. Et ce furent vingt ans, lourde pelletée de sable, qui ensevelirent un peu plus profond cette histoire.

Pas plus qu'aux vrais fidèles du trône, la Restauration ne se pressa de rendre justice aux fidèles vrais de l'autel. Or, qui sait si 1830 n'a pas été pour une part le châtiment de cette injustice ?...

Et sans doute ce n'est pas les gouvernements suivants tous pactisant plus ou moins avec la Révolution persécutrice de l'Eglise qui allaient vouloir déterrer ce passé formidable.

Mais qui sait encore si les malheurs de l'Eglise de France n'ont pas pour une de leurs causes qu'elle s'est laissée gagner à cet oubli systématique, et qu'en laissant s'effacer le souvenir de tels héros du sacerdoce, en ne leur accordant même pas le tribut d'hommages et de prières auquel tout chrétien a droit, elle a gravement péché contre les morts et contre elle-même ?...

Car je ne suis pas le premier à rappeler, je me couvre pour le faire de l'autorité d'un prêtre, la terrible sentence du pape saint Damase.

Hæc ecclesia moritur quæ martyrum suorum obliviscitur...

Une église est condamnée à mort qui oublie ses martyrs...

Les morts qui appellent.

Ils n'ont pas cependant cessé d'appeler à eux, les pauvres prêtres qui ont dormi si longtemps sans tombe et sans croix dans les vases ou les sables de nos îles.

Ils appelèrent d'abord par la voix et la plume de quelques survivants. En dépit du beau serment de silence — que d'ailleurs tous n'avaient pas prêté, mais seulement ceux d'un groupe — Dieu voulut que pour l'avenir il restât des témoignages certains de cette sombre histoire ; et c'est pour cela sans doute que quelques-uns écrivirent et publièrent ce qu'ils avaient vu. Tel Labiche de Reignefort, official de Limoges, dont un frère et un cousin étaient morts là-bas, et qui, sept mois après qu'il avait repris son ministère, ayant reperdu la liberté, crut devoir céder à l'idée « jusqu'alors écartée » d'écrire, pendant les loisirs de sa retraite, « la relation exacte de ce qu'avaient souffert tant de généreux confesseurs de la foi ». C'était, avec la prière, « le seul moyen qu'il eût de travailler au salut de ses frères » ; et il avertissait, dans la préface de la seconde édition, en 1801, qu'il s'était efforcé de faire disparaître *jusqu'aux moindres vestiges d'animosité contre les auteurs de ses souffrances.*

C'est en pleine arène, comme j'ai dit et sur le ponton même d'où il voyait chaque jour descendre de nouveaux cadavres, que l'abbé Dumonet composa la relation en vers latins que devait achever à Saintes, en 1795, et publier Lequin. Un autre, le chanoine Texandier, de Limoges, un aimable et fin lettré d'ancien régime, que la mort surprit comme Dumonet dans son pieux travail, s'était mis, au fur et à mesure que tombaient autour de lui les victimes, à rédiger sur elles les notices dont il sentait bien que le martyrologe de France un jour aurait besoin.

Il y a, parus dès 1796, le *Récit abrégé des souffrances de près de huit cents ecclésiastiques par un curé de Paris* (Philippe Bottin), *que Dieu a daigné associer à ces ecclésiastiques persécutés;* et le *Journal de la déportation des ecclésiastiques du département de la Meurthe, par l'un des déportés* (l'abbé Michel), curé de la cathédrale de Nancy. Il y a les *Mémoires* de l'abbé Michel Soudais, de Sens ; de l'abbé Rousseau, d'Amiens ; du curé Guilloreau, du Mans ; les lettres de l'abbé Rollet, de Saint-Dié ; celles des frères Massainguiral, de Tulle ; celle du Lazariste Parisot, de Metz, etc., etc... tous des revenants — ou des morts — de là-bas. On m'en signale qu'on vient de découvrir et de publier à Tours et à Guingamp.

Toute cette histoire existe. Les feuillets seulement en sont épars et perdus dans la poussière comme les morts eux-mêmes.

Il y a, dans ces mines obscures et méconnues que sont les revues des Sociétés savantes de province, et les bons gros livres, mal faits quelquefois, mal imprimés et mal vendus, des érudits locaux, quantité de précieux documents tirés peu à peu des archives officielles ou des papiers de familles — et qui n'ont trop souvent fait que passer d'une cave dans une autre. Il ne faudrait que les remettre au vrai jour pour émouvoir les âmes ; que les mettre méthodiquement en œuvre pour que soit établie de façon à peu près définitive la figure de ce lâche et ignominieux carnage ; pour que soit faite à chacun de ces héros son histoire ; pour qu'on puisse au moins dresser enfin complète et graver sans mutilation la liste de leurs noms !

Quelques-uns ont essayé de vulgariser cela : l'abbé Guillon avec ses quatre volumes des *Martyrs de la foi*, l'abbé Boudart, avec son petit dictionnaire du *Martyrologe du clergé français pendant la Révolution*, l'abbé Manseau, avec ses deux in-octavos sur les *Prêtres et les religieux déportés*, l'abbé Dubois, avec son volume plus maniable *Rochefort et les pontons de l'île d'Aix*... Mais les âmes pieuses ne lisent guère plus les gros livres que les dictionnaires aux notices monotones et sèches. De ces ouvrages, qui fournissent de bonnes pierres d'attente, aucun qui soit ni un livre de large propagande, ni un monument de haute histoire définitif. Les fusillés de Quiberon, les noyés de Nantes ont le leur : il manque encore aux prêtres victimes de la déportation.

Cependant, tandis qu'en ordre dispersé les érudits travaillent pour l'avenir, là-bas, dans le coin de terre même où dorment nos prêtres, des mouvements de loin en loin se produisent et font croire que va enfin s'ouvrir l'ère des réparations décisives.

Le petit peuple, il y a cinquante ans, n'a pas encore cessé de penser à eux et de les invoquer comme des saints. A Saintes on cultive dans quelques familles leur souvenir, on garde pieusement comme reliques certains objets qui viennent d'eux, on cite des traits édifiants de leur martyre. Mon père a vu, à Port-des-Barques, pleurer un vieillard en lui racontant les souffrances dont il avait été témoin. Un autre, dont le père a hospitalisé quelques-uns de ces malheureux, attribue à leur protection la belle santé de son grand âge.

C'est d'un paysan anonyme et étranger à sa paroisse, que le tout jeune petit curé de Saint-Nazaire (d'où dépend l'île Madame), reçut, en 1863, le coup au cœur, et l'ordre d'en haut : *duc in altum*. Comme sa promenade, par hasard, l'avait conduit tout le long de la Passe jusqu'au bas de l'île, il fut tout étonné de voir ce paysan à genoux qui priait. Et le bonhomme, interrogé, apprit à M. le Curé: « *Vous ne savez donc pas que c'est ici que sont enterrés les saints?* » et que son grand'père l'avait mené là dix-huit ans avant et lui avait recommandé de les invoquer dans ses peines. *Vox populi...* Le culte des « saints de l'île Madame » a sa racine dans le cœur du peuple certainement; et quelques traits de ce genre composent à peu près toute sa préhistoire.

L'abbé Manseau donc se mit à l'œuvre, commença de fouiller les archives, de recueillir des documents, des souvenirs, de publier des récits. En même temps et ce fut le mieux, il amena sur la lande sacrée son évêque, alors Mgr Landriot; et comme tout chrétien qui vient là est saisi et soulevé par le vol montant de ces belles âmes, on décida d'enthousiasme d'élever un monument. On constitua, suivant le rite, une commission avec son trésorier. On eut la bénédiction de Pie IX, d'éloquentes lettres de plus de trente évêques, et même des souscriptions. Seulement on négligea de planter en attendant, sur les pauvres morts, la moindre croix de bois et de commencer vers le saint lieu les pèlerinages...

Après dix ans, après vingt ans, rien n'était fait. Le petit curé était devenu curé-doyen de Saint-Martin-de-Ré. Il avait trouvé là les traces d'autres déportés, ceux de fructidor, qui avaient été détenus à la citadelle et au château d'Oléron. Il voulut joindre malencontreusement leur histoire, qui est toute différente, à la première, au lieu de mettre au point celle-ci et de lui faire voir le jour. Si bien qu'il mit vingt-trois ans à publier son ouvrage.

Pendant ce temps et la guerre, et l'expulsion des congrégations, et la laïcisation des écoles avaient tourné à d'autres soucis les âmes; et *l'Œuvre de l'île Madame* devait en demeurer là pendant quarante ans...

Son successeur à Saint-Nazaire, l'abbé Hervoire, avait seulement profité, en 1871, des bonnes dispositions du commandant de la citadelle pour faire faire, par une escouade de soldats, une fouille dans l'endroit appelé communément le *Cimetière des prêtres.*

En effet, à un mètre du sol, on trouva un squelette d'homme sans cercueil et sans trace de vêtements — la loi de confiscation était appliquée aux déportés jusqu'à dépouiller leurs cadavres des moindres haillons — mais les bras chrétiennement pliés en croix sur la poitrine. De quoi on dressa un procès-verbal bien en forme, et puis on recoucha les ossements dans le sable sans marquer seulement la place.

S'il y a aujourd'hui en un point de la lande quelques gros galets enfoncés dans le sol et dessinant à peu près une croix, c'est beaucoup plus tard qu'on eut l'idée de ce signe funéraire — le seul en toute l'île! — lorsqu'un habitant de Port-des-Barques ou de Rochefort, en voulant « enrocher » un cheval crevé dans ce terrain désert, eut mis à nu quatre nouveaux squelettes qu'il enferma généreusement dans un sac avant de les inhumer à nouveau...

A Mgr Landriot devenu archevêque de Reims, avait succédé Mgr Thomas. Et celui-ci, ardent et généreux, s'était épris de la cause. Il voulait un monument pour Mgr de La Rochefoucauld, dernier évêque de Saintes, massacré aux Carmes, et un autre à l'île Madame, pour les martyrs dont il avait le dépôt et la garde. Mais à son tour il devait s'en aller porter la pourpre à Rouen sans avoir commencé seulement de réaliser son rêve...

En 1890, de nouveau sans doute, la voix des morts

abandonnés parla et quelques âmes en tressaillirent. En faisant à l'île d'Aix depuis dix ans des terrassements pour de nouvelles batteries, on avait découvert des quantités d'ossements qui, d'abord charriés dans les tombereaux avec la terre, formèrent les remblais de défense. Et les soldats du fort jouaient aux boules avec les crânes... Cela donna à l'amiral Maudet, maire de l'île, l'idée de les recueillir et de les abriter dans l'église. Puis il fit, avec son curé, le projet de remplacer la masure de son église par une grande basilique dédiée à Notre-Dame des Martyrs, dont le clocher et la statue domineraient toute la rade. Mgr Ardin y alla d'une lettre pastorale catégorique, et qui ordonnait des quêtes dans tout le diocèse. On créa un comité, deux comités avec, en tête, l'archevêque de Paris et l'archevêque de Malines (à cause des prêtres belges de la seconde déportation), et le comte de Mun, et M. Harmel, et le général de Charette, et des amiraux, tout un état-major dont personne, sans doute, n'a jamais fait le pèlerinage. Et l'on fit encore appel à la charité et à la vanité du monde, promettant aux donateurs à la fois des messes et, suivant le chiffre de la souscription, armoiries, plaque de cuivre, ou simples initiales « apparentes dans l'église ». Et un autre curé d'une toute petite paroisse voisine publia un livre et partit porter la bonne parole, comme au quinzième siècle les envoyés du chapitre de Saintes étaient allés prêcher jusqu'en Allemagne pour la reconstruction de la cathédrale Saint-Pierre. On ramassa encore de l'argent, et l'on commença par acheter un champ pour la future église...

Ce champ, un indigène, depuis vingt ans, y cultive, paraît-il, du maïs et des pommes de terre. Dans quelles brumes de l'Océan s'est fondue cette basilique de rêve ?

Peut-être le projet fut-il trop ambitieux, ou prématuré, ou mal conduit ?... Peut-être, tout légitime et bien intentionné qu'il était, eut-il le tort devant Dieu, qui donne le succès à qui il lui plaît, de se dresser comme en concurrence au projet de monument à l'île Madame, qui avait la priorité et la bénédiction du Pape ?...

Toujours est-il que le pélerinage qui s'était ébauché dans l'été de 1890, tomba vite. Et si, du moins, les morts de l'île d'Aix avaient désormais une cloche et des prières bourdonnant au-dessus d'eux, ceux de l'île Madame attendaient toujours, dans leur champ solitaire et piétiné par les bœufs qu'on vint planter sur eux le signe sacré et dire l'office des morts.

* *
*

Quelqu'un, cependant, sans se lasser, sonnait pour eux — et pour tous — cet appel funèbre qu'on nomme, en quelque part de la Saintonge, « la chante-pleure ».

C'était un laïque, un bibliothécaire de Saintes, mais de quelle foi ! de quel labeur ! et de quelle vaillantise ! Pendant quarante ans exactement, Louis Audiat — je lui dois trop pour ne pas avoir fierté à le nommer ici — a remué tout le vieux sol de Saintonge, en a déchiffré toutes les pierres, dépouillé toutes les archives et a publié quarante volumes d'inédit, et par la parole, la plume et l'action, s'est efforcé d'en faire surgir aux yeux toute l'histoire. Quel destin l'avait amené du Bourbonnais ici, et, lui faisant un jour refaire exactement le trajet qu'avaient suivi les soixante-seize ecclésiastiques de son pays, l'avait, de la chapelle des Clarisses, de Moulins, où il s'était entretenu avec Mgr de Dreux-Brézé de la plaque de marbre à rappeler leur incarcération, conduit, par Limoges, La Rochefoucauld, Cognac, douloureuses étapes, par Saintes — la bonne ville qui était toute riche encore de leurs souvenirs — jusqu'à l'île Madame et à son ossuaire invisible, puis jusqu'à La Rochelle et au grand cœur de Mgr Thomas qui lui fut du premier coup et pour toujours ouvert ?

Homme d'étude et homme d'action à la fois, tout de suite pour l'enquête historique à instruire comme pour la propagande du culte dû à ces oubliés, il avait offert son concours et s'était mis à l'œuvre.

Pour l'enquête historique, il se mit à éditer des relations, des documents, à écrire des biographies de déportés, à retrouver et redresser les noms de la funèbre liste. S'il n'a pas fait l'ouvrage d'ensemble qu'il eût pu mener à bien, c'est qu'un autre s'en était chargé. Lui se donna donc à d'autres tâches, comme d'écrire la vie et la mort des deux La Rochefoucauld, l'évêque de Saintes et l'évêque de Beauvais, massacrés par les septembriseurs, et à présent en instance de canonisation...

Mais s'il y avait pour les érudits, pour les chercheurs une tâche primordiale qui était d'établir par une documentation scrupuleuse l'état-civil et l'histoire exacte des prêtres victimes de la Terreur afin qu'on les connût bien d'abord et que l'Eglise pût un jour les mettre sur ses autels, il n'admettait pas que le peuple chrétien tout entier manquât pour ceux-ci à la piété due aux morts et ne vînt pas aux lieux de leur sépulture ériger quoi que ce fût qui rendît hommage à leur souvenir, et provoquât les âmes à la prière.

En 1870, dans sa vibrante brochure, les *Pontons de Rochefort*, il dressa d'un geste vigoureux ce qui devait être « ce qui serait » : « un monument funéraire et triomphal portant la croix dans les airs au-dessus des houles de l'Atlantique... » Un peu plus tard, il donnait à la *Société bibliographique* un tract sur les *Déportés de 1793* ; et à chaque occasion, en des articles véhéments, qui encourageaient ici ou là, à l'île d'Aix comme à l'île Madame et partout, ceux qui tentaient quelque chose mais qui s'enfonçaient comme des coups de fourche dans l'apathie générale, il agitait ce scandale obstiné de centaines de prêtres, après de telles tortures, une telle mort, « n'ayant pas encore au bout d'un siècle reçu de leurs confrères, de ceux qui leur ont succédé dans leurs paroisses, ni de personne, le moindre témoignage de respect ni ce signe de la croix qui les a fait prêtres d'abord et martyrs ensuite ! »

Je connais sa manière modeste, prudente, tenace, je sais ce qu'il eût fait s'il eût été le maître d'agir, ayant vu comme il éleva une statue à Bernard Palissy, comme il plaça des plaques de marbre pour commémorer à la tour de Broue Duguesclin, à la chaussée Saint-James la victoire de Taillebourg, à la cathédrale de Saintes saint Louis et Mgr de La Rochefoucauld.

Non seulement à l'île Madame, à l'île d'Aix, à Brouage, à toutes les stations du calvaire de la déportation il eût fait, en attendant mieux, *quelque chose*, posé une pierre, planté une croix. Mais il eût voulu que par toute la France, les fidèles apprissent à se souvenir des prêtres qui étaient morts là-bas pour garder le serment de leur ordination et sauver l'Eglise de France : « Comment n'y a-t-il pas, écrivait-il, dans la paroisse de chacun de nos modernes martyrs, dans la paroisse qu'il évangélisait lorsqu'il en fut violemment arraché pour être conduit au trépas, une plaque commémorative, un mot, un signe qui le rappelle à ses parents, à ses successeurs, aux fidèles ?... »

Et voilà, je pense, tracé le programme aussi précis qu'il peut l'être à l'action pratique de ceux qui entendront cette fois la voix des morts et qui se prendront de ferveur pour une si sainte cause...

La croix et le pèlerinage de Port-des-Barques.

Voici, en effet, qu'à nouveau ils ont comme crié dans la nuit, et rappelé à quelques âmes qui en ont tressailli le devoir envers les morts auquel toujours et partout les hommes ont cru qu'on ne manquait pas impunément.

Est-ce une inspiration de Dieu à son Eglise plus persécutée à la fois et plus libre aujourd'hui qu'hier ?... ou la levée, enfin, du grain semé ?... Mais depuis deux ans, sous une poussée si extraordinaire qu'elle en paraît bien surnaturelle, le sol et les hommes ont remué ensemble, et se sont soulevés...

Déjà, tandis que dans la *Revue de Saintonge et d'Aunis*, fondée par Louis Audiat, M. le chanoine Lemonnier, de Rochefort, publiait d'excellents travaux sur la persécution religieuse en Saintonge, tandis que les prêtres du doyenné de Saint-Agnant-les-Marais, qui comprend Brouage et l'île Madame, faisaient admirablement réussir un bulletin cantonal, le *Réveil*, très judicieusement nourri d'histoire locale, deux paroisses, Marennes et Fouras, partaient en barque faire pélerinage à l'ile d'Aix. Puis Saint-Nazaire, Moëze, Echillais, les paroisses voisines de l'ile Madame, ont tressailli presque en même temps. L'heure de Dieu apparemment était venue.

Sans bruit, tout naturellement, un laïque très humble, de Rochefort, qui n'avait probablement pas lu les gros livres ni les revues savantes, mais qui avait la vraie foi, celle qui agit, fit ce qu'encore personne depuis cent quinze ans n'avait su faire ; en vingt-quatre heures, il acheta ce qui n'était pas à vendre, la ruine du petit bastion Louis XIV, qui est à l'entrée de la Passe-aux-Bœufs, avec l'ancienne poudrière et la maisonnette où logeait, en 1794, le pourvoyeur des déportés, et là, sur ce terre-plein qui lui fait un piédestal en saillie sur la mer, à frais communs, avec le curé de Saint-Nazaire et quelques-uns de ses paroissiens, on dressa une croix très simple, mais robuste, haute, blanche, et qui domine...

Pour faire le reste, le nouveau « pourvoyeur » d'aujourd'hui compte sur le grand Pourvoyeur de là-haut, qui, déjà, voyant qu'on s'aidait, est venu à l'aide.

Comme, il y a dix-huit mois, en effet, on réparait le bastion et construisait cette première croix du Calvaire, voici que, par un phénomène d'un à-propos saisissant, un apport « naturel » de sables et de galets a exhaussé la passe et en a fait un chemin viable et carrossable à toute heure. Ici, au pied du fort, les barques auparavant passaient à marée haute. A' marée basse il restait une lagune vaseuse qu'on ne traversait point à pied bien sec ; et il ne fallait pas s'attarder dans l'ile jusqu'au flot montant : je sais deux personnes qui, revenant en voiture, ont failli être emportées par le courant. A' présent, la procession, partie de la croix, peut sans crainte s'en aller jusqu'au champ du martyre. L'hiver, sur lequel comptaient les incrédules pour détruire en un raz de marée ce que les marées avaient fait, a deux fois continué le même travail... Et voici que les gens du pays se remémorent un dicton de leurs anciens, d'après lequel les morts avaient dit « qu'ils feraient lo chemin quand on voudrait venir à eux ». Les plus fervents do merveilleux ajoutent qu'« il doit se passer des choses extraordinaires pour la France, quand on honorera les saints de l'île... »

Mais, n'est-ce pas déjà un fait extraordinaire et merveilleux, que cet éveil spontané, populaire, d'un culte qui s'organise soudain sur place et par en bas, quand toutes les tentatives d'en haut s'étaient perdues en parades vaines ?

Non que rien se fasse, bien entendu, sans les conseils et le concours de l'évêque, trop heureux de ce réveil et tout dévoué à l'œuvre.

Il a lui-même présidé le premier pèlerinage, qui a eu lieu, il y a deux ans. Au 18 août 1910, à la date juste où commencèrent ensemble, en 1794, le débarquement et l'inhumation, sur un rendez-vous du curé de Saint-Nazaire, de tout le pays, qui n'est pas dévotieux, et par tous véhicules on vit une foule accourir pour la bénédiction de la croix, et la fête s'instituer magnifiquement.

En 1911, c'est Mgr de Saint-Flour qui, donnant un exemple que ses confrères de l'épiscopat ne pourront pas ne pas suivre, accourait à l'appel de ses martyrs d'Auvergne et présidait à côté de Mgr Eyssautier la fête.

Il avait déjà recommandé à ses prêtres la très belle prière qu'un des déportés de son diocèse avait composée pour suppléer d'intention au saint sacrifice de la messe.

Ici, devant la mer, il se fit, lui, l'évêque de la montagne, la voix éloquente des trois mille pèlerins qui, par un vrai soleil de Judée, se pressaient autour d'un pauvre figuier, seul ombrage poudreux de cette église en plein air. Sous l'ostensoir brûlant de midi, on chanta la grand'messe et, tandis que l'abbé Lemonnier officiait, intrépide, vêtu des ornements que les déportés de Saint-Martin, plus heureux, purent se fabriquer avec des lambeaux d'uniformes de soldats, la foule, pendant près d'une heure, défila pour baiser la relique du crucifix de bois taillé au couteau.

Puis, après le repas pittoresquement pris sous la tente ou dans l'ombre des charrettes par une foule pour qui Dieu dut multiplier encore les cinq pains de l'Evangile, on processionna, non sans quelque désordre, vers l'île ; on pria, on récita le *Credo* sur le terrain plein de morts où, le matin, j'avais vu des bœufs dormir.

Consurget templum: gens ad te confluet omnis...

* * *

J'y fus, moi aussi, moi qui avais eu mon enfance bercée de cette histoire mystérieuse de l'île Madame, et qui, depuis longtemps, longtemps, n'avais plus entendu parler de rien. J'y fus sans l'avoir prémédité, sans avoir su qu'un nouvel ordre de choses naissait ainsi en mon pays, amené la veille par un hasard — ou par autre chose — sur la côte d'en face. « Or, apprenez, comme dit Pascal, le chemin de ceux qui le savent. Suivez la manière par où ils ont commencé. »

On m'avait traité de poëte, quand je demandais si tous les bateaux de Fouras, de la Rochelle et ceux des ports de la côte et ceux des îles n'allaient pas, le lendemain matin, comme pour les régates, couvrir l'eau d'une flottille blanche et amener pour une messe en mer, que je comparais déjà à celles de la Révolution décrites par Brizeux, et tous les marins, et tous les baigneurs de tous pays en ce moment pullulant sur nos plages.

Pour prouver combien cela était pratique autant qu'aimable, je suis très délicieusement venu par un bateau qui m'a directement amené à la grève de l'île.

Sans doute j'ai dû finir d'aborder presque à dos d'homme pendant quelques pas, moi aussi, comme les pauvres prêtres il y a cent dix-sept ans à pareil jour, et comme Napoléon, quand il partit de Fouras, où je m'étais embarqué. Un beau troupeau de bœufs, descendu vers l'eau pour se rafraîchir, gardait la place, immobile, sous le soleil déjà chaud, et formant la plus inattendue pastorale marine. Je passai au milieu d'eux; je repassai plus tard, après avoir fait le tour de l'île, et ne vis point les cailloux dessinant vaguement une croix en quelque part de la lande. Je ne vis rien, rien qu'un peu d'herbe rare et jaunie, entre les deux plaines d'eau, miroitantes et bleues...

Et c'est durant cette promenade solitaire du matin que j'ai cru sentir dans le vent lourd du sud-ouest qui me venait au visage, le vent de honte qui souffletait en moi l'indifférence dont nous avons tous jusqu'ici été coupables. Un flot d'indignation s'est mêlé à tous les sentiments qui roulaient en moi. Et foulant, sans les reconnaître, ces restes sacrés, j'ai entendu la voix d'outre-tombe qui parla jadis à mon père, qui parle à tous ceux qui viennent ici et je me suis promis de faire à mon tour quelque chose...

J'ai assisté à toute la fête, dans le flamboiement du soleil et la vibration de la foule. Puis, au déclin du jour, de Port-des-Barques, où il y a à toute heure un passeur, le bateau m'a, à cause de la marée contraire, déposé précisément au Fort Vaseux, si bien que j'ai ainsi fait complet le tour du cimetière des abandonnés...

Et, seul pélerin, de ce genre, j'ai pu mieux, à l'aller et au retour, recueillir mes souvenirs, mes émotions, et me demander, au soir tombant, si cette belle journée aurait un lendemain, si le clergé de France, enfin, n'allait pas se lever, et, par terre ou par mer, se mettre en marche pour rendre visite à ses morts, faire cesser une grande honte, et remplir un devoir très facile.

∗∗

Or, j'y suis retourné au commencement de l'automne, entre deux rafales... Je convoyais un pélerin de Lourdes qui avait donné à son diocèse l'exemple de faire en revenant cette pointe vers nos morts. Cette fois je suis venu à l'île par la terre et à bicyclette. La tempête la veille et toute la nuit avait démonté la mer et précipité des cataractes. Au matin, et juste à l'heure de se mettre en route, le temps s'éclaira. Le soleil restait pâle, mais le ciel bien lavé enveloppait le décor de ce pays de l'air limpide qui fait valoir ses tons délicats. De Rochefort, en roulant doucement, il faut trois quarts d'heure à peine pour être à Port-des-Barques. On passe le bac de la Charente, on salue, en traversant le pittoresque bourg de Soubise, le souvenir des Rohan ; et l'on se rappelle que c'est ici que Victor Hugo, en prenant dans une auberge un journal, apprit la mort tragique de sa fille Léopoldine. Les vers de Villequier vous bourdonnent autour des tempes. A Saint-Nazaire on prend comme guide le curé qui a les martyrs pour paroissiens, et qui vend au profit de leur mémoire des cartes postales. Un petit port plein de bonhomie, un semblant de falaise avec quelques villas, d'où l'on a une vue charmante sur le fleuve aussi blond que le Tibre, sur Fouras et les îles ; un peu de sable avec des pins que le vent, soufflant ici de tous côtés, ne veut pas bien hauts ; et l'on voit devant soi la croix toute neuve qui se dresse, blanche et noble, sur son terre-plein planté de tamaris. Par derrière, au bout de la passe, se profile sur le ciel l'île Madame. On prie à la croix ; on va au champ des morts : on y médite en regardant la mer tout le temps qu'on veut ; on est bien seul ; on voit l'île d'Aix, on devine La Rochelle : on peut penser à Richelieu, à Napoléon, à la Révolution, à l'Océan, à la Mort, à l'Infini...

Qui donc, revenant les yeux pleins de ces images, l'âme riche de ces rêves, et la conscience heureuse de se sentir en paix avec ces morts, aurait le sentiment d'avoir perdu sa journée ? Qui donc ne voudrait, par plaisir ou devoir, faire au moins une fois en sa vie ce poétique et pieux pèlerinage ?...

*
* *

Pour la troisième fois, je l'ai refait, au printemps suivant, par un clair et frais matin d'avril.

Nous étions six ensemble à genoux ce matin-là ; et c'est un signe : le signe d'un réveil de notre mémoire endormie ; mieux que cela peut-être, une espérance, et le symptôme que ces héros de la liberté de l'Eglise et du catholicisme romain intégral, sans compromission avec le siècle, sont les apôtres et les saints de l'heure, ceux qu'il convient d'évoquer enfin et d'invoquer, pour qu'ils mettent dans l'âme de tous, prêtres et laïques, un peu de leur âme de foi pure, intransigeante et fière.

Plus tôt sans doute, c'était trop tôt, puisque avait échoué tout ce qu'on avait tenté jusqu'ici. Huysmans n'eût pas manqué d'expliquer que le Diable sentant qu'il y avait là pour l'Eglise de France une source de grâces... formidable, un trésor d'indépendance, de force et de vertu qu'à aucun prix il ne devait laisser déterrer, avait mis en œuvre ses maléfices coutumiers pour brouiller les cartes et faire avorter lamentablement des projets trop magnifiques...

Mais peut-être qu'enfin l'heure de Dieu est venue. N'est-ce pas un signe de résurrection et de victoire que tout d'un coup, sans préméditation et sans bruit, au lendemain de la Séparation, qui a achevé de mettre en ruines nos deux pauvres diocèses de Saintonge et d'Aunis, une belle croix blanche se dresse, dominant d'aussi près qu'elle a pu ce vaste reliquaire national, attirant les regards de tous les marins qui passent en cette rade historique de la Charente, appelant à ses degrés les pèlerins qui ne craignent pas d'avoir à faire un voyage charmant pour venir prier dans un lieu unique.

Nous sommes six, ai-je dit, ce matin-là, et sans l'avoir combiné exprès, il se trouve que chacun de nous six représente sous une forme différente un acte de foi, un effort de bonne volonté, quelque chose de ce qui depuis quelques mois s'est fait par et pour les « martyrs ».

Par la route de voitures qui vient de Rochefort, coulante et facile, j'amène, en effet, une maman qui a connu par ce que j'en ai déjà écrit cette sublime histoire. Récemment, comme le père de ses sept enfants avait été déclaré en péril de mort, le soir même où en hâte on appelait pour les derniers sacrements le prêtre, d'une inspiration toute spontanée et singulière, elle a entrepris une neuvaine aux « martyrs » de l'île Madame ; et c'est le neuvième soir, à minuit, que la fièvre maudite enfin est tombée — le graphique est là qui l'atteste — et pour ne plus revenir. Son malade bien guéri l'accompagne et hasarde en souriant cette remarque qu'on a tout profit à choisir des intercesseurs peu demandés, peu occupés, empressés à faire valoir leur crédit tout neuf et d'autant plus efficace. Use qui voudra de l'idée et de l'exemple.

Mais le cas n'est pas unique. Sans parler de la chaussée de la Passe-aux-Bœufs qui continue son exhaussement, les uns et les autres citent des faits singuliers, des guérisons, des succès inespérés obtenus par leur intervention, des mouvements d'âmes merveilleux dont il semble bien qu'ils ont été les auteurs. Ainsi à la piété des humbles qui les appelle à son tour ils répondent par toutes sortes de grâces...

Un autre pèlerin est Georges Gourdon, le trouvère-lauréat de nos vieilles *Chansons de geste* rajeunies, le poète héroïque de cette brillante *Jeanne d'Arc* qui est en train de faire son tour de France. Voilà trente ans qu'il habite Rochefort comme rédacteur des *Tablettes* : et c'est la première fois qu'il fait visite aux « saints » de l'île qui est à trois quarts d'heure de là, avec une voiture publique et une route d'accès toujours libre à marée basse comme à Noirmoutiers. Il représente ici le Saintongeais tardif, mais aussi le Français qui s'émeut et va se mettre en branle : mais il est tout acquis à l'œuvre naissante : il en sera le premier secrétaire, et, je pense aussi, le poète. Décidément quelque chose a bougé.

« Ce « quelque chose », c'est le cœur du petit vieillard et grand chrétien, M. Daunas, qui le premier s'est avisé — comme j'ai dit — d'acheter un journal de terrain, de l'enclore, d'y dresser une croix et de dire : « *Ceci est aux Martyrs* ». Par lui, le scandale a cessé d'un péché où tout le monde eut sa part . Il est juste et il nous est très agréable qu'il nous fasse les honneurs de ce reliquaire national dont il est le premier ouvrier.

En route, nous prendrons le curé de la paroisse,

qui fut avec lui l'instigateur de cette réparation. Il a travaillé de ses mains, déblayé, nivelé, planté. Il a ramassé quelque menue monnaie, organisé les pèlerinages. Encouragé par son évêque, qui n'a, qui ne peut avoir que des bénédictions pour cette belle œuvre, il bâtit présentement un oratoire où l'on puisse en tout temps dire, faire dire, ou entendre la messe. Nous en posons en quelque sorte la première pierre : on va l'inaugurer cet été.

L'argent, presque sans qu'on le sollicite, est venu de l'élan des uns, de la gratitude des autres, ou comme paiement des vœux accomplis. C'est la bonne méthode. Et l'œuvre ainsi va par une étape nouvelle affirmer sa vitalité.

M. le chanoine Lemonnier, lui, travaille et sollicite des pierres pour un autre monument. Fouilleur habile des archives de la marine et écrivain de bon aloi, c'est lui que Mgr Eyssautier a chargé de réunir le dossier du procès de canonisation, de recueillir dans tous les diocèses, dans tous les ordres religieux, et, s'il se pouvait, dans toutes les paroisses et dans toutes les familles intéressées, leurs documents. Il s'est voué tout entier à sa tâche et a juré de ne pas mourir avant de l'avoir menée à terme. Qui ne voudrait l'aider à tenir son serment ?

A son appel et à celui de son évêque, déjà des diocèses ont répondu. Des prêtres en divers endroits ont été officiellement désignés pour réunir les textes et pièces utiles au procès. Un postulateur a été choisi. Une pieuse supplique est allée vers Rome : et il en est revenu une grande espérance. En mai dernier, Mgr de La Rochelle en rapportait la bénédiction de S.S. Pie X « pour tous ceux qui travaillent à préparer la béatification des prêtres-martyrs ». La marche sera peut-être longue : mais on marche et c'est l'essentiel.

Et que suis-je, moi, parmi ces bons ouvriers ? Avec le poète j'aurais pu dire :

« Je ne suis, moi, qu'un sonneur de clairon. »

Mais j'ai plus d'une raison de « sonner » pour les martyrs de la déportation. Fervent pour eux par atavisme, héritier adouci des saintes indignations de mon père contre le crime d'oubli séculaire commis à leur égard, ému par leur histoire qu'il avait commencé d'écrire, ayant ma dette aussi, je leur ai voué sur ma parole et ma plume une hypothèque de premier rang.

Une grande injustice est à réparer : cela est certain. Tombés victimes de la persécution et soldats du catholicisme indépendant, il semble qu'ils sont les patrons nécessaires de l'Eglise de France affranchie et du clergé meurtri. Pourtant, nous ne demandons pas pour eux des basiliques. Humbles et libres quêteurs, nous ne demandons à chacun qui craint le Diable et croit en eux que ce qu'il peut donner, de la curiosité, de la sympathie, des prières, des documents pour leur histoire et leur procès de canonisation, s'il en a, des neuvaines pour leur acheter des grâces — et surtout qu'on songe, la belle saison étant venue, à prendre le bâton et à faire comme nous le pieux pèlerinage.

L'Œuvre
des Prêtres martyrs de la déportation.

Sans vouloir rêver trop beau, ni enfermer d'avance dans une formule une action qui doit se plier avec souplesse aux inspirations divines, aux suggestions providentielles des circonstances, et aux directions de l'autorité ecclésiastique, il ne paraît ni illégitime ni inutile d'indiquer avec une certaine précision sous quelles formes diverses il semble que pourraient présentement s'exercer les bonnes volontés et se produire les concours.

Il y a pour tout chrétien un devoir à remplir, d'autant plus impérieux et plus urgent que le délaissement a été plus grand et plus long: sur ce principe on ne voit pas de contradiction possible.

Nous avons dit ailleurs, et tout le monde sait et sent que manquer aux morts est une faute de conséquence. S'il y a des bénédictions à recevoir pour qui les honore, n'y a-t-il rien à craindre pour qui ferme l'oreille à leur appel ?...

Avant de les vénérer comme des saints et des martyrs — ce qui serait prématuré — nous pensons qu'on leur doit les prières, les hommages, les visites qu'on doit à tous ceux qui sont morts dans le Seigneur. Et c'est cela d'abord que nous demandons.

Rien de contraire à l'orthodoxie à ce qu'on « éprouve », si j'ose dire, l'efficacité de leur intervention, à ce qu'on les prie de se manifester par des grâces bien sensibles, à ce qu'on leur promette un peu de soi, de son temps, de sa peine ou de son argent en échange de leurs bienfaits.

L'Eglise, en son haut magistère de prudence, défend qu'on prononce avant elle ; mais elle a toujours respecté les dévotions populaires qui lui ont paru pures, et toujours tenu grand compte des mouvements de prières et des miracles qui en naissent.

Donc, que les âmes des vivants aillent vers ces âmes des morts, c'est sans doute l'essentiel ; et tout le reste que Dieu voudra viendra ensuite par surcroît.

Les pèlerinages individuels ou en groupe, aux principaux lieux de sépulture, (j'ai dit comme ils étaient accessibles), les prières, les ex-votos, les messes, voilà, sans doute, ici comme ailleurs, les moyens les plus ordinaires de la piété qui invoque ou fait action de grâces.

Et puisque Dieu a voulu que le premier monument qui sortît de terre fût la Croix de Port-des-Barques, admirablement placée d'ailleurs pour dominer toute la rade où stationnèrent les pontons du martyre, et pour être comme la lanterne des morts au centre du vaste cimetière, puisque déjà il y a là, tout près du principal ossuaire de l'île Madame une chapelle et que le pèlerinage y est maintenant régulièrement institué, il n'est guère douteux que doive être là le premier rendez-vous.

Mais l'île d'Aix a droit aussi à une visite, et s'il plaît à Dieu, à une église plus digne d'elle et des reliques qu'elle a recueillies. Et à Brouage, et au cimetière de Rochefort, et à Saintes, et sur les routes de France partout où sont tombées ces saintes victimes, il y a aussi quelque chose à faire. Il y a à repérer le plus possible de ces sépultures, et, les ayant retrouvées, de les marquer au fur et à mesure d'un signe sacré : *Sta, viator, heroem calcas.*

« Dans la plaine de Loigny, écrivait récemment M. François Laurentie, au retour des obsèques du général de Charette, la croix se dresse partout, prière vivante, gage de résurrection. Au coin du petit bois voici celle de fer qui commémore Ferdinand de Troussure, mort, dit l'inscription, en chrétien et en brave. Un peu plus loin, vers Villours, voici celle de pierre qui marque l'endroit où tomba Sonis... Voici en plein champ un haut calvaire, un vaste terre-plein sablé entouré d'une grille où repose Fernand de Ferron... , etc., etc.

A l'heure même où je complète ces lignes, je vois qu'un Comité du centenaire de 1812 a ouvert une souscription dans les journaux pour élever sur le champ de bataille de la Moskowa un monument aux morts de la Grande Armée.

Pourquoi, répéterai-je après un jeune écrivain de la *Revue Montalembert* qui fit écho à mon premier appel, comme les champs de bataille d'hier ou ceux de jadis. les champs de carnage de la guerre à l'Eglise ne seraient-ils pas plantés de croix où fraterniseraient dans la gloire du martyre commun tant de noms, nobles, bourgeois, ou roturiers, de l'ancienne France, qui sont encore vivants dans la France d'aujourd'hui ? »

Et ce que fait le *Souvenir français* qui, non seulement élève et entretient les tombes partout où nos soldats sont enterrés, mais qui, dans chaque province de France et presque en chaque ville bientôt, aura érigé des monuments à la mémoire des enfants du pays morts à l'ennemi, ne le peut-on, ne le doit-on pas faire aussi pour les héros du sacerdoce ? Il n'est pas bien difficile, ni bien coûteux, comme on l'a fait à la cathédrale de Saintes pour Mgr de La Rochefoucauld, et certainement en plusieurs endroits, d'inscrire ici ou là, dans la paroisse où il est né, dans la paroisse où le principal de sa vie s'est écoulé, dans celle d'où il est parti pour ne plus revenir, le nom du prêtre qui a donné sa vie pour son troupeau, et d'interrompre au moins ainsi la prescription de l'oubli.

Or, pour que se mette ainsi à l'œuvre la piété partout où par ignorance elle dort encore, pour lui donner un aliment là où elle a commencé d'agir, et lui permettre de travailler à bon escient, il faut nécessairement tirer de la poussière les noms ignorés, faire connaître et répéter l'histoire, l'histoire générale de la persécution des pontons, l'histoire particulière de chacune des victimes à honorer.

Ce travail, qui, à première vue, paraît immense, n'est heureusement pas tout à faire. Pour ce qui est de l'histoire générale de la déportation de la Terreur et du supplice des pontons, en attendant le maître ouvrier qui consacrera dix ans de sa vie à en édifier avec les matériaux nouveaux mis au jour le monument définitif, il y a les mémoires et relations des survivants, qu'on pourrait rééditer à peu de frais, annoter, commenter et répandre. Leur collection constituerait la bibliothèque authentique du martyrologe.

Pour les biographies individuelles et le détail des procès, exécutions, internements, et proscriptions en chaque endroit, dans un grand nombre de nos provinces on a déjà beaucoup travaillé, et on travaille de plus en plus. Des ecclésiastiques, des religieux, des érudits, des chercheurs ont déjà publié des documents, des listes, des pièces d'archives, des monographies. Je sais des diocèses où tout est fait, ou presque. Ailleurs on manque d'initiative, ou de direction et de méthode, ou d'encouragement, ou d'organe... Ne serait-il pas excellent qu'un Comité central guidât les bonnes volontés qui ne sauraient manquer, fournît les indications pour les recherches et les références, mît en relations les travailleurs dispersés qui s'ignorent, leur trouvât quand ils ne l'ont pas le moyen de publier leurs documents ou leurs études? Il y a un peu partout, en France, des gens intelligents et hélas! désœuvrés à cause de leur isolement; il y a aujourd'hui quantité de femmes instruites et qui, ayant le goût d'écrire, donnent dans la décevante vanité des romans et des vers. Combien trouveraient leur joie, tout en se gagnant devant Dieu des mérites, à faire pour une œuvre aussi belle ces recherches d'histoire, toujours si passionnantes aussitôt qu'on les a seulement commencées... Et si les bulletins et les revues qui existent venaient à ne pas suffire, la fonction sans doute ici encore créerait l'organe.

Il n'est pas fou de penser que ces messieurs ou ces dames trouveraient le moyen de faire vivre un petit bulletin.

Par bulletin, par collection de brochures ou par tracts, il faudrait que fussent tirés des gros livres de savants ou de sociétés savantes qu'on ne lit guère, ou des semaines religieuses et des revues locales, tant d'excellents morceaux qui se trouvent dispersés dans le temps et l'espace et souvent perdus ; qu'on les amenât au grand jour, qu'on triât, qu'on classât, qu'on fît peu à peu une sorte de musée historique et littéraire de cette persécution.

C'est l'avis des hommes compétents : comme nous partons de l'île Madame et de sa croix commémorative, il faut partir aussi d'un point solide et fixe : la déportation purement ecclésiastique de 1793-94. C'est déjà un millier de noms, un millier de marbres. Dieu fera sortir du grain de sénevé l'arbre qu'il voudra et qui durera plus qu'aucun de nous qui le semons et cultivons. Et s'il lui plaît que de proche en proche il étende aussi ses branches sur les victimes de la déportation de fructidor, ou sur les massacrés de septembre, et les prêtres çà et là guillotinés pendant toute la Révolution, tous ceux dont on établira qu'ils sont vraiment morts en confesseurs de la foi sont également dignes de mémoire. Et la gloire des uns ne fait pas tort aux autres. Mais à chaque jour suffit sa peine, et à chaque marcheur son horizon.

Or, il va sans dire que M. le chanoine Lemonnier, qui est officiellement chargé de réunir le dossier de canonisation, que Mgr de Teil qui, après avoir mené à bien la canonisation des Carmélites de Compiègne, a été désigné par l'ordinaire de Paris pour s'occuper des martyrs parisiens des pontons, seraient les premiers bénéficiaires de ces travaux, comme ils ont promis d'en être les premiers guides. Mais l'œuvre de propagande et d'action que nous croyons s'imposer aux catholiques de France, prêtres et fidèles, comme un devoir qui ne souffre pas de retard, ne peut pas se confondre avec l'instruction d'un procès canonique aux prudentes lenteurs.

Tout en ne la concevant que faite d'après la bonne méthode et sur pièces authentiques, nous ne voulons, nous, cette histoire, qu'en vue d'éclairer, soutenir et répandre le culte dû à ces morts.

Et ce culte, qui n'a pas eu besoin, pour commencer, que fût établie toute cette histoire, n'a pas nécessairement besoin d'elle pour s'étendre. Dès qu'il y a un nom certain, ou une tombe certaine, la certitude d'une persécution et d'une mort, on peut, on doit tomber à genoux et prier. Encore une fois, ce qu'a fait le *Souvenir français*, avec ses tombes, ses monuments, ses pèlerinages aux ossuaires de l'Est, et aussi ses conférences, ses messes et ses fêtes, trace aux catholiques français l'exemple à suivre.

Et dans le Comité central nécessaire, dont j'inscris ici le projet après avoir vu quelles hautes sympathies et quelles précieuses promesses de concours en recueillait partout l'idée, je prévois que, toutes les bonnes volontés, et tous les dévouements y trouvant leur place, il se formerait naturellement des groupements divers et des sections : ceux-ci ou celles-ci — puisque les femmes de France ne peuvent pas ne pas être les premières à cette œuvre de piété envers les morts — s'occupant de préférence des recherches ou publications historiques et littéraires, d'autres, de la propagande de parole et de plume, qui doit être large, populaire, étendue à toute la France ; d'autres, suivant leurs goûts et leurs moyens, des ressources à créer pour aider ceux qui voudront élever aux lieux de sépulture des tombes ou des monuments, aux lieux d'origine des victimes poser un médaillon, une plaque commémorative ; — d'autres, encore, des pèlerinages à susciter, faciliter, organiser, des messes et offices à faire célébrer... *Ama et fac quod vis...* Bien des formes d'action sans doute sont légitimes et peuvent, sous la direction de Comités, filialement soumis eux-mêmes aux autorités des évêques, devenir fécondes. En attendant toutes les idées peuvent se faire jour, et les adhésions de principe se produire ainsi que les offres de concours et de secours.

Dieu saura bien que faire de tous ces efforts et de toutes ces générosités. Comme dit le poète, s'il lui plaît de bénir l'œuvre à nouveau tentée,

Il la prendra du doigt pour la conduire au port !

NOTES

Page 33.

Chargé par la bienveillance de Mgr l'Evêque de La Rochelle de combler les lacunes et éclairer les points obscurs de cette histoire, M. le Vicaire général Barthe répond à mes questions par la note suivante :

« L'indifférence que stigmatise l'auteur n'est pas aussi coupable qu'il la fait. Au point de vue du clergé diocésain, dès 1825, il y a eu un essai officiel de culte. On s'est heurté à des difficultés d'ordre *politique* et *pratique*, et l'on a échoué. Politique, parce que le souvenir des déportés était, sans doute à tort, lié aux fautes de la Restauration ; pratique, parce que les terres où gisaient les saintes victimes étaient la propriété de l'Etat ou de particuliers peu sympathiques. D'autre part, le *martyre* des déportés était peu connu alors. »

Pourtant il y avait à cette date, les témoins, les survivants, les familles, les récits publiés ; et ailleurs on a fait la Chapelle expiatoire, l'ossuaire d'Auray, l'oratoire des fusillés de Quiberon, etc... L'échec ici demeure une énigme. Et l'on ne signale plus rien *pendant quarante ans*.

Page 38.

De M. le chanoine Barthe : « Le texte de Saint Damase ne peut s'appliquer à une situation qui n'implique aucun oubli scandaleux ou de propos délibéré. »

Page 44.

Le même donne, au sujet de la seconde souscription, celle de 1890, les précisions suivantes : « On ramassa près de huit mille francs, qui servirent à acheter un champ. La basilique rêvée n'a pu être construite par défaut de ressources. »

Page 47.

Voici, d'après un communiqué de M. l'abbé Bret, curé de Saint-Nazaire-sur-Charente, comment s'est produite et par qui a abouti, après tant d'échecs, l'œuvre de réparation d'aujourd'hui :

« En 1909, je demandai à Monseigneur d'ouvrir une souscription pour ériger un Calvaire à la mémoire des Martyrs de l'Ile Madame. Le terrain m'avait été promis. Il me fut refusé au moment où les travaux allaient pouvoir commencer, et j'étais sur le point de remettre les sommes recueillies, lorsque l'un des derniers souscripteurs, M. Daunas, que je ne connaissais pas encore, s'offrit providentiellement de me venir en aide de la façon que vous savez », c'est-à-dire en achetant de ses deniers et en ménageant pour sa pieuse destination tout le petit domaine de Port-des-Barques.

Page 49.

Après les pèlerinages de 1910 et 1911, celui de 1912 a eu lieu à son heure, le 10 août il a été présidé par Mgr Bonnefoy, archevêque d'Aix, et a réussi comme les précédents. On y a inauguré à côté du Calvaire l'oratoire dont j'ai parlé.

Les *Tablettes* de Rochefort du 13 août, qui rendent compte de la fête, signalent des petites-nièces des martyrs venues de Paris et de Rouen, un représentant des Frères des Ecoles chrétiennes venu de Moulins... c'est bien le réveil.

TABLE DES MATIÈRES

PARIS. — IMPRIMERIE DE LA SOCIÉTÉ DU LIVRE, 10, RUE DE MÉZIÈRES.